essentials

Essentials liefern aktuelles Wissen in konzentrierter Form. Die Essenz dessen, worauf es als „State-of-the-Art" in der gegenwärtigen Fachdiskussion oder in der Praxis ankommt. *Essentials* informieren schnell, unkompliziert und verständlich

- als Einführung in ein aktuelles Thema aus Ihrem Fachgebiet
- als Einstieg in ein für Sie noch unbekanntes Themenfeld
- als Einblick, um zum Thema mitreden zu können

Die Bücher in elektronischer und gedruckter Form bringen das Fachwissen von Springerautor*innen kompakt zur Darstellung. Sie sind besonders für die Nutzung als eBook auf Tablet-PCs, eBook-Readern und Smartphones geeignet. *Essentials* sind Wissensbausteine aus den Wirtschafts-, Sozial- und Geisteswissenschaften, aus Technik und Naturwissenschaften sowie aus Medizin, Psychologie und Gesundheitsberufen. Von renommierten Autor*innen aller Springer-Verlagsmarken.

Christine von Reibnitz

Nachhaltige Führung in Gesundheitseinrichtungen

Springer

Christine von Reibnitz
Berlin, Deutschland

ISSN 2197-6708 ISSN 2197-6716 (electronic)
essentials
ISBN 978-3-662-72658-7 ISBN 978-3-662-72659-4 (eBook)
https://doi.org/10.1007/978-3-662-72659-4

Die Deutsche Nationalbibliothek verzeichnet diese Publikation in der Deutschen Nationalbibliografie; detaillierte bibliografische Daten sind im Internet über https://portal.dnb.de abrufbar.

Springer ist ein Imprint der eingetragenen Gesellschaft Springer-Verlag GmbH, DE und ist ein Teil von Springer Nature.
Die Anschrift der Gesellschaft ist: Heidelberger Platz 3, 14197 Berlin, Germany

Was Sie in diesem *essential* finden können

- Nachhaltige Führung und Unternehmenskultur
- Kennzeichen nachhaltiggeführter Organisationen
- Prinzipien gesundheitskompetenter Führung
- Bausteine nachhaltiger Gesundheit
- Praxishinweise zur Umsetzung

Vorwort

Für Gesundheitsunternehmen gilt heute umso mehr, dass sie angesichts der vielfältigen demographischen Herausforderungen (wie dem gleichberechtigten Zugang zu qualitativ hochwertigen Gesundheitsleistungen und einem flächendeckend gut ausgebildeten Personal in allen medizinischen und Gesundheitsfachberufen), ökonomischen Rahmenbedingungen (wie der Sicherstellung der Finanzierbarkeit medizinischer und pflegerischer Leistungen, Heil- und Hilfsmittel sowie der Stabilität bei Beiträgen) und ökologischen Herausforderungen (wie der Reduktion des hohen Ressourcen-, Material- und Energieverbrauchs sowie des Abfallaufkommens, sowie Maßnahmen gegen den Klimawandel und Anpassungen an dessen Folgen) ihre Organisationen nachhaltig zu führen und zu gestalten.

Christine von Reibnitz

Inhaltsverzeichnis

1 Einleitung

Das Gesundheitswesen befindet sich weltweit in einer Phase des Wandels. Der Druck aufgrund steigender Kosten, demografischer Veränderungen und des Klimawandels erfordern neue Denkansätze für die Führung von Gesundheitsunternehmen. Ein Paradigmenwechsel von klassischen Innovations- und Change-Management-Ansätzen hin zu nachhaltiger Transformation bietet eine Möglichkeit, langfristig stabile und erfolgreiche Organisationen zu schaffen, die den Anforderungen der Zukunft gerecht werden. Im Gesundheitswesen, wo eine gesicherte Patientenversorgung und Ressourcenschonung von zentraler Bedeutung sind, zeigt sich die Notwendigkeit einer langfristig orientierten, nachhaltigen Strategie besonders deutlich. Viele Unternehmen im Gesundheitsbereich haben Nachhaltigkeit noch nicht vollständig in ihre Strukturen und Unternehmenskultur integriert. Führungskräfte stehen vor großen Herausforderungen, wenn es darum geht, nachhaltige Führungskonzepte in die Praxis umzusetzen. Insbesondere sind aufgrund komplexer und dauerhafter Veränderungsprozesse im Gesundheitswesen Führungskräfte überlastet. Darüber hinaus besteht gerade in Gesundheitseinrichtungen ein Mangel an finanziellen und personellen Ressourcen. Verschiedene Studien berichten, dass es häufig an den notwendigen Fähigkeiten und Kompetenzen fehlt, um nachhaltige Unternehmensmodelle erfolgreich umzusetzen und die Verantwortung für Nachhaltigkeit im gesamten Unternehmen zu verteilen. Nur wenn diesen Herausforderungen begegnet werden kann, lässt sich sicherstellen, dass alle Mitarbeitenden motiviert sind und Verantwortung übernehmen (Edinger-Schons et al. 2023; Bertelsmann Stiftung und ESCP Business School Berlin 2024).

Nachhaltigkeit in der Unternehmensführung umfasst nicht nur ökologische, sondern auch ökonomische und soziale Aspekte, die im Gesundheitssektor besonders relevant sind. Der Begriff der „nachhaltigen Transformation" beschreibt eine

C. von Reibnitz, *Nachhaltige Führung in Gesundheitseinrichtungen*, essentials, https://doi.org/10.1007/978-3-662-72659-4_1

tiefgreifende, systemische Veränderung, die ökologische, soziale und ökonomische Ziele integriert. Im Gegensatz zu herkömmlichen Innovations- oder Change-Management-Ansätzen zielt nachhaltige Transformation nicht nur auf kurzfristige Vorteile, sondern auf die langfristige Resilienz und Anpassungsfähigkeit einer Organisation ab. Dies ist insbesondere im Gesundheitswesen von Bedeutung, da hier sowohl menschliche als auch ökonomische Ressourcen verantwortungsvoll eingesetzt werden müssen. Durch nachhaltige Transformation können Unternehmen nicht nur ihre ökologische Bilanz verbessern, sondern auch ihre gesellschaftliche Verantwortung wahrnehmen und langfristige Wettbewerbsvorteile erzielen. Insbesondere in Zeiten exponentiell steigender Herausforderungen an Unternehmensführungen durch immer kürzer werdende Reaktionszeiten für Adaptionen wird dieser Wandel für eine beständige Leistungsfähigkeit unausweichlich. In dieser Hinsicht bedeutet Nachhaltigkeit nicht nur den Schutz der Umwelt, sondern auch die Schaffung stabiler ökonomischer Strukturen und gerechter sozialer Rahmenbedingungen. Die Unternehmensentwicklung im Gesundheitswesen kann durch die Integration nachhaltiger Prinzipien erheblich profitieren. Dies umfasst sowohl den verantwortungsvollen Umgang mit Ressourcen als auch die Sicherstellung einer qualitativ hochwertigen Gesundheitsversorgung über lange Zeiträume hinweg.

Führungsverhalten stellt eine wesentliche Ressource im Kontext gesunder Arbeitsbedingungen dar und trägt maßgeblich zu einer nachhaltigen, resilienten und gesunden Unternehmensorganisation bei. Forschungsergebnisse zu den negativen Folgen eines schlechten Führungsstils oder eines entsprechenden Führungsverhaltens verdeutlichen, wie bedeutend eine mitarbeiterorientierte und gesundheitskompetente Führung ist. Dennoch übernehmen viele Vorgesetzte nur in geringem Maße Verantwortung für belastungs- und gesundheitsrelevante Prozesse in ihrem Bereich. Oft fehlt es ihnen auch an entsprechendem Wissen und an Strategien zur Handhabung dieser Themen. Deshalb ist es wichtig, die gesundheitsbezogenen Kompetenzen von Führungskräften gezielt zu fördern, um langfristig eine nachhaltige Unternehmensorganisation sicherzustellen. Resilienz stellt – sowohl bei Führungskräften als auch bei Mitarbeitenden – in der heutigen Arbeitswelt in Gesundheitseinrichtungen einen entscheidenden Faktor dar. Resiliente Personen sind eher in der Lage, mit den dynamischen Anforderungen und Belastungen des modernen Arbeitsumfelds umzugehen und ihre Leistungsfähigkeit aufrechtzuerhalten.

Nachhaltigkeitsbegriff im Kontext der Organisationsentwicklung 2

Unternehmen im Gesundheitswesen, die auf Nachhaltigkeit setzen, orientieren sich häufig an den sogenannten „Triple-Bottom-Line"-Prinzipien, die ökologische, ökonomische und soziale Ziele in Einklang bringen. Die Implementierung dieser Prinzipien in die Unternehmensstrategie ermöglicht es Organisationen, nicht nur kurzfristige Gewinne zu erzielen, sondern auch langfristig Wert für alle Stakeholder in der Gesundheitsversorgung zu schaffen (Vergunst et al. 2020). Durch die Anwendung des Triple Bottom Line-Konzepts streben Gesundheitseinrichtungen eine nachhaltige Entwicklung an, die sowohl die Bedürfnisse der Patient*innen als auch soziale und ökologische Verantwortung berücksichtigt (Hahn und Kuhnen 2021).

> **Wichtig**
> Der Begriff „Triple Bottom Line" (TBL) bezieht sich auf ein Konzept, das über eine primär finanzielle Leistung eines Unternehmens hinausgeht und auch soziale und ökologische Aspekte berücksichtigt. In Gesundheitseinrichtungen bedeutet dies, dass bei der Bewertung der Leistung nicht nur die wirtschaftliche Effizienz im Vordergrund steht, sondern auch die sozialen und ökologischen Auswirkungen.
>
> Im Detail umfasst die Triple Bottom Line in Gesundheitseinrichtungen:
>
> 1. **People (Menschen):** Fokus auf die Gesundheit, das Wohlbefinden und die Zufriedenheit der Patienten*innen, Mitarbeitenden und der

C. von Reibnitz, *Nachhaltige Führung in Gesundheitseinrichtungen*, essentials, https://doi.org/10.1007/978-3-662-72659-4_2

Gemeinschaft. Es geht darum, eine qualitativ hochwertige Versorgung zu gewährleisten und soziale Verantwortung zu übernehmen.
2. **Planet (Planet):** Umweltaspekte, wie nachhaltige Ressourcennutzung, Abfallmanagement und umweltfreundliche Praktiken in der Einrichtung, um ökologische Auswirkungen zu minimieren.
3. **Profit (Profit):** Wirtschaftliche Stabilität und Effizienz, um die Gesundheitseinrichtung langfristig funktionsfähig zu halten und Investitionen in Qualität und Innovation zu ermöglichen.

Das Triple-Bottom-Line Konzept definiert demnach Nachhaltigkeit im Kontext von Organisationen als dauerhaften Ausgleich zwischen diesen drei Dimensionen und stellt die Wettbewerbsfähigkeit von Gesundheitsunternehmen in den Mittelpunkt.

2.1 Perspektiven des Nachhaltigkeitsbegriffs

Der Begriff der Nachhaltigkeit wird von der WHO erstmals im Dokument „Gesundheit 21: Das Rahmenkonzept „Gesundheit für alle“ für die Europäische Region der WHO aufgegriffen.“ Mit diesem Titel wird starke Nähe zum Weltprogramm der Nachhaltigen Entwicklung, Agenda 21, ausgedrückt. In Anlehnung an deren Leitspruch „global denken – lokal handeln“ kann man auch in der Gesundheitsversorgung zwischen Nachhaltigkeit auf gesellschaftlicher Ebene (= Makro-Ebene) und auf Akteursebene (= Mikro-Ebene) unterscheiden. Nachhaltigkeit auf der gesellschaftlichen Ebene bezieht sich demnach auf das Ausmaß, in dem eine gesundheitspolitische Strategie oder ein nationales Programm eine optimale Ausbalancierung wirtschaftlicher, ökologischer, sozialer und gesundheitlicher Ziele erreicht. Nachhaltigkeit kann im Allgemeinen aus einer gesundheitsbezogenen Perspektive wie folgt beschrieben werden: „Nachhaltigkeit oder nachhaltige Entwicklung bedeutet, die Bedürfnisse der Gegenwart so zu befriedigen, dass die Möglichkeiten zukünftiger Generationen nicht eingeschränkt werden“. Dabei ist es wichtig, die drei Dimensionen der Nachhaltigkeit – wirtschaftlich effizient, sozial gerecht, ökologisch tragfähig gleichberechtigt zu betrachten. Um die globalen Ressourcen in der Gesundheitsversorgung langfristig zu erhalten, sollte Nachhaltigkeit die Grundlage aller gesundheitspolitischen Entscheidungen sein (von Reibnitz 2023).

Dies zeigt sich auch anhand der Ziele der Agenda 2030 der Vereinten Nationen, die zur sozialen Nachhaltigkeit beitragen sollen: Armut besiegen, Gesundheit und

Wohlergehen, hochwertige Bildung und menschenwürdige Arbeit gewähren. Die Teilhabe am Gesundheitswesen einschließlich Gesundheitsförderung und Prävention sowie insgesamt ein hohes Gesundheitsniveau werden als Teilziel nachhaltiger sozialer Entwicklung angesehen. Einigkeit herrscht darüber, dass die Kategorien ökologische, ökonomische und soziale Nachhaltigkeit nicht nebeneinander, sondern miteinander in Wechselwirkung stehen.

Der Nachhaltigkeitsbegriff auf Mikroebene wird für Unternehmen immer wichtiger, da er für langfristigen Erfolg und Zukunftsfähigkeit steht. Daher kommen Unternehmen nicht umhin, das Nachhaltigkeitsprinzip in Führungskonzepten umzusetzen, wenn sie langfristig erfolgreich wirtschaften wollen. Nach Mintzberg (2013) gehen mit der Nachhaltigkeitsidee Fragen nach der modernen Unternehmensführung und somit nach Aufgaben und Verantwortlichkeiten des Managements einher. Aus der Forschungsliteratur geht hervor, dass es beim Thema „Unternehmen und Nachhaltigkeit" viele Widersprüche und kein einheitliches Umsetzungsmodell gibt. Die gesellschaftliche Verantwortung von Unternehmen, auch als „Corporate Social Responsibility" bezeichnet, ist die verantwortungsbewusste Unternehmenssteuerung im Interesse der internen und externen Anspruchsgruppen. Sie umfasst die sozial und ökologisch verträgliche Ausgestaltung sämtlicher Wertschöpfungsstufen im unternehmerischen Einflussbereich;

- › geht in Form von Selbstverpflichtungen über gesetzliche Bestimmungen hinaus;
- › zielt auf die Schaffung eines unternehmerischen und gesellschaftlichen Mehrwertes und
- › ist somit der unternehmerische Beitrag zur nachhaltigen Entwicklung.

2.2 Nachhaltigkeitsziele von Gesundheitsunternehmen

Nachhaltigkeit aus pflegerischer und medizinischer Perspektive bedeutet, den Umgang mit Ressourcen so zu gestalten, dass auch Menschen in der Zukunft mit diesen Ressourcen ihre Gesundheitsbedürfnisse befriedigen können. Im Kern geht es bei der Nachhaltigkeit um die Frage des effizienten Umgangs mit limitierten Ressourcen. Auch aus ethischer Perspektive ist dieser Begriff insofern bedeutsam, als er auf der Annahme der intergenerationellen Gerechtigkeit in der Gesundheitsversorgung beruht. Ein funktionierendes und gutes Gesundheitswesen stellt eine gesellschaftliche Ressource dar, die es in vielerlei Hinsicht nachhaltig zu gestalten gilt, zumal wir in der Gesundheitsversorgung ganz spezifische Nachhaltigkeitsprobleme haben. Ein Beispiel dafür sind antibiotikaresistente Keime: Expert*innen prognostizieren, dass diese bis zum Jahr 2050 die häufigste Todesursache in Europa sein werden. Um also nicht nur die heutigen Patienten*innen effektiv behandeln zu können, sondern auch die von morgen, sind Maßnahmen für einen nachhaltigen Gebrauch von Antibiotika sicherzustellen.

Nachhaltigkeitsprobleme zeigen sich auch im Hinblick auf die längerfristige Finanzierung des Gesundheitssystems, einem unzureichenden Ausbau von Datengrundlagen für die moderne medizinische Forschung; der Ausgestaltung von Versorgungsstrukturen für eine älter werdende Gesellschaft, um nur einige Weitere zu nennen.

In Gesundheitseinrichtungen heißt Nachhaltigkeit sich mit den Bedingungen des Klientels (Patient*innen; Bewohner*innen), der Einrichtung, dem Arbeitgeber, Arbeitsbedingungen, persönlichen Voraussetzungen auseinanderzusetzen, vorhandene Ressourcen zu prüfen und sich Ziele zu setzen, mit vorhandenen Ressourcen verantwortungsbewusst umzugehen.

Damit ergeben sich folgende Nachhaltigkeitsziele von Gesundheitseinrichtungen (Abb. 2.1).

Eine nachhaltige Organisation verfügt über eine Führung, die Nachhaltigkeit zu einem integralen Bestandteil ihrer Mission, ihres Leitbilds, ihrer Strukturen und Arbeitsprozesse/Tätigkeiten macht. Sie integriert Nachhaltigkeitskompetenzen in die strategische Planung, in Evaluierungsmaßnahmen, in die Sicherheit von Patient*innen, Qualitätsentwicklung/-verbesserung und bereitet die Mit-

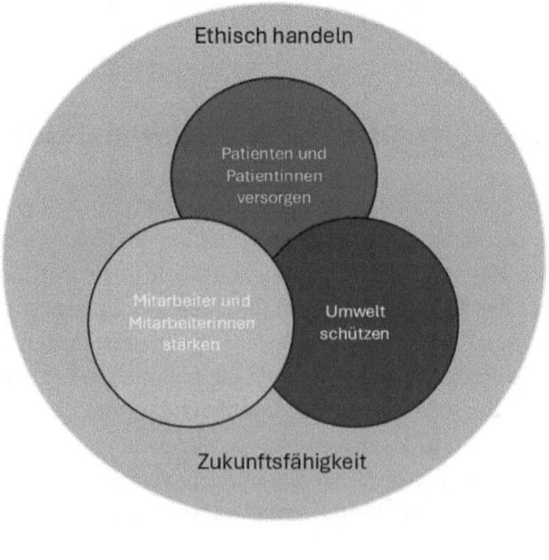

Abb. 2.1 Nachhaltigkeitsziele von Gesundheitsunternehmen. (Quelle: von Reibnitz 2023, S. 47)

arbeiter*innen auf Nachhaltigkeit vor bzw. fördert deren Kompetenzen und überwacht/kontrolliert den Fortschritt.

Nachhaltigkeitskompetenzen – auch als Green Skills bezeichnet umfassen ein Set an Kompetenzen, aber auch Wissen, Fertigkeiten, Werte und Mindset, die erforderlich sind, um ressourceneffiziente und nachhaltige Wirtschafts- und Arbeitswelten voranzubringen und zukunftsfähig zu gestalten. Dazu gehören verschiedene Bereiche: professionsspezifische **fachliche Kompetenzen, bereichsübergreifende Kompetenzen** wie Digitalisierung, sowie **Querschnittskompetenzen,** wie Urteilsfähigkeit, Innovationskompetenz, Missionsorientierung, Veränderungskompetenz, Dialog- und Konfliktfähigkeit sowie Kompetenzen zur nachhaltigen Unternehmensführung wie systemisches Denken, kooperative und kommunikative Kompetenzen (Schlicht et al. 2023; Stifterverband und McKinsey 2021).

▶ Green Skills und Kompetenzen für die Nachhaltigkeitstransformation umfassen Fähigkeiten und Kompetenzen, aber auch das Wissen und die Fertigkeiten, Werte und Haltungen, die notwendig sind, um in einer ressourceneffizienten, ökologisch, ökonomisch und sozial nachhaltigen Wirtschaft und Gesellschaft zukunftsorientiert zu handeln (Cedefop 2022, S. 23).

2.3 Organisationale Resilienz als Kernmerkmal von Nachhaltigkeit

Unter Resilienz versteht man als die Fähigkeit von Organisationen, in gesundheitswirtschaftlichen Kontexten Störungen zu antizipieren, zu überstehen, sich anzupassen und aus Krisen zu lernen, um langfristig funktionsfähig und leistungsfähig zu bleiben. Sprachlich geht der Begriff Resilienz auf das lateinische Wort „resilire" zurück, was so viel wie „zurückspringen", „abprallen" bedeutet. Hier offenbart sich der Gedanke, dass ein System „nach einer Störung wieder in seine Ausgangsposition zurückzukehren und dabei die gleiche Funktion, Struktur oder Identität (…) behalten (kann)" (Böhme 2019, S. 8). In Gesundheitsunternehmen, die durch hohe Komplexität, heterogene Stakeholder, strikte Regularien und zunehmende Unsicherheiten gekennzeichnet sind, fungiert Resilienz als zentraler Mechanismus, der ökologische, soziale und wirtschaftliche Dimensionen der Nachhaltigkeit miteinander verknüpft.

Individuelle Resilienz beschreibt die Fähigkeit einer Person, mit Belastungen, Stress und Krisen umzugehen, ohne dauerhaft Schaden zu nehmen. Sie umfasst emotionale Stabilität, Selbstreflexion, sowie die Fähigkeit, aus schwierigen Situationen zu lernen und neue Perspektiven zu entwickeln. Diese Kompetenz lässt sich entwickeln, etwa durch gezielte Trainings in den Bereichen Stressbewältigung, Achtsamkeit, Selbstmanagement oder Selbstführungskompetenzen (Furtner und Baldegger 2023; Heller 2019)

„Unter Resilienz wird die Fähigkeit von Menschen verstanden, Krisen im Lebenszyklus unter Rückgriff auf persönliche und sozial vermittelte Ressourcen zu meistern und als Anlass für Entwicklung zu nutzen" (Welter-Enderlin; Hildenbrand 2010, S. 13).

Organisationale Resilienz kann demgegenüber als Widerstandskraft auf Unternehmensebene beschrieben werden und sie bezieht sich auf die Fähigkeit einer Organisation, sich auf Veränderungen einzustellen, Krisen zu bewältigen und gestärkt aus ihnen hervorzugehen. Resiliente Unternehmen zeichnen sich durch Flexibilität, Innovationskraft und eine unterstützende Unternehmenskultur aus (Unkrig 2021). Führungskräfte sind in diesem Kontext besonders relevant, da diese die Basis schaffen, um die Organisation durch Unsicherheiten zu navigieren und somit nicht nur auf externe Herausforderungen reagieren, sondern diese aktiv nutzen können, um nachhaltiges Wachstum zu fördern (Unkrig 2021).

Organisationale Resilienz definiert auch die ISO-Norm (22316:2017) folgendermaßen:

Definition

„Organisationale Resilienz ist die Fähigkeit einer Organisation, Veränderungen in der Umgebung aufzunehmen und sich an diese anzupassen, um ihre Ziele zu erreichen, zu überleben und zu gedeihen. Resiliente Organisationen können Bedrohungen und Chancen, die sich aus plötzlichen oder allmählichen Veränderungen in ihrem internen und externen Umfeld ergeben, erkennen und darauf reagieren. Die Verbesserung der Resilienz kann ein strategisches Unternehmensziel sein und ist das Ergebnis bewährter (guter) Geschäftspraktiken und eines effektiven Risikomanagements.

Die Widerstandsfähigkeit einer Organisation wird durch eine einzigartige Interaktion und Kombination von strategischen und operativen Faktoren beeinflusst. Organisationen können nur mehr oder weniger resilient sein; es gibt kein absolutes Maß oder endgültiges Ziel."

Zwischen individueller und organisationaler Resilienz bestehen Wechselwirkungen. Resiliente Mitarbeitende tragen zu einer stabilen Unternehmenskultur bei, während eine resiliente Organisation Rahmenbedingungen schafft, die das Wohlbefinden und die Resilienz ihrer Mitarbeitenden nachhaltig fördern (Heller 2019; Drath 2016).

Globalisierung, Digitalisierung, New Work, Corona-Pandemie, Globalisierung, Digitalisierung, New Work, Ukrainekrieg und Energiekrise machen deutlich, dass Gesundheitsunternehmen häufig durch dynamische Um- und Neustrukturierungen in Krisen geraten können. Die Mitarbeitenden sind besonders gefährdet, da Stress, Belastungen und psychische Erkrankungen zunehmen und Einfluss auf Fehlzeitenquote haben. Resiliente Gesundheitsunternehmen bewältigen Krisen besser, wobei die Mitarbeitenden und Teams eine entscheidende Rolle spielen. Sie weisen ein großes Spektrum an unterschiedlichen Verständnissen, Verhaltensweisen und Widerstandsfähigkeit auf. Der adäquate Umgang mit dieser Vielfalt bildet den wesentlichen Kern von organisationaler Resilienz.

In der Führung von Gesundheitseinrichtungen bedeutet dies, dass Führungskräfte in der Lage sind, Unsicherheiten, hohe Arbeitsbelastungen und komplexe Entscheidungsprozesse effektiv zu managen, um die Kontinuität der Versorgung sicherzustellen (Southwick et al. 2014). Resiliente Führung fördert die Stabilität der Organisation, reduziert Burnout-Raten und trägt zur Aufrechterhaltung der Qualität der Patient*innenversorgung bei.

Verschiedene Fähigkeiten der Führungskräfte forcieren den Aufbau und die Stärkung organisatorischer Resilienz. Dazu zählen transformationales Führungsverhalten, Kompetenzen im Konfliktmanagement, Vertrauenswürdigkeit und Kollegialität sowie die Fähigkeit, Diversität konstruktiv zu nutzen.

Fokussiert ein Gesundheitsunternehmen darauf, seine Resilienz nachhaltig zu erhöhen, erreicht sie dadurch:

- eine verbesserte Fähigkeit, Risiken vorherzusehen und mit ihnen umzugehen
- eine verstärkte Koordination und Integration von Steuerungsmaßnahmen, um den Zusammenhang und die Leistung der Mitarbeitenden und eingesetzten Ressourcen zu verbessern
- ein größeres Verständnis der involvierten Akteure für ihre gegenseitigen Abhängigkeiten, mit denen die strategischen Zwecke und Ziele zusammenhängen.

Eine Idee und einen Ansatz, wie dieser Prozess gestaltet werden kann, liefert die ISO-Norm 22316:2017 (Security and Resilience – Organizational Resilience – Principles and Attributes). Sie beschreibt wie die Widerstandskraft und Anpassungsfähigkeit in Unternehmen zu stärken, indem sie

- sicherstellen, dass die Führungskräfte der Verbesserung der Unternehmensbelastbarkeit verpflichtet sind
- erforderliche Ressourcen bereitstellen

- sich eine angemessene Struktur der Unternehmensführung geben, um die Aktivitäten zur Steigerung der Belastbarkeit des Unternehmens wirksam zu koordinieren
- sicherstellen, dass die Investitionen in Resilienz-Aktivitäten für das Umfeld der Organisation angemessen sind
- Systeme zur Verfügung stellen, die eine wirksame Implementation von Resilienz-Aktivitäten unterstützen
- Maßnahmen zur Unterstützung der betrieblichen Anforderungen einleiten, mit denen die Belastbarkeit bewertet und gesteigert werden kann
- wirksame Kommunikation ermöglichen, um die Verständigung und Entscheidungsfindung zu verbessern.

Abb. 2.2 zeigt Grundsätze zur Umsetzung von Resilienz.

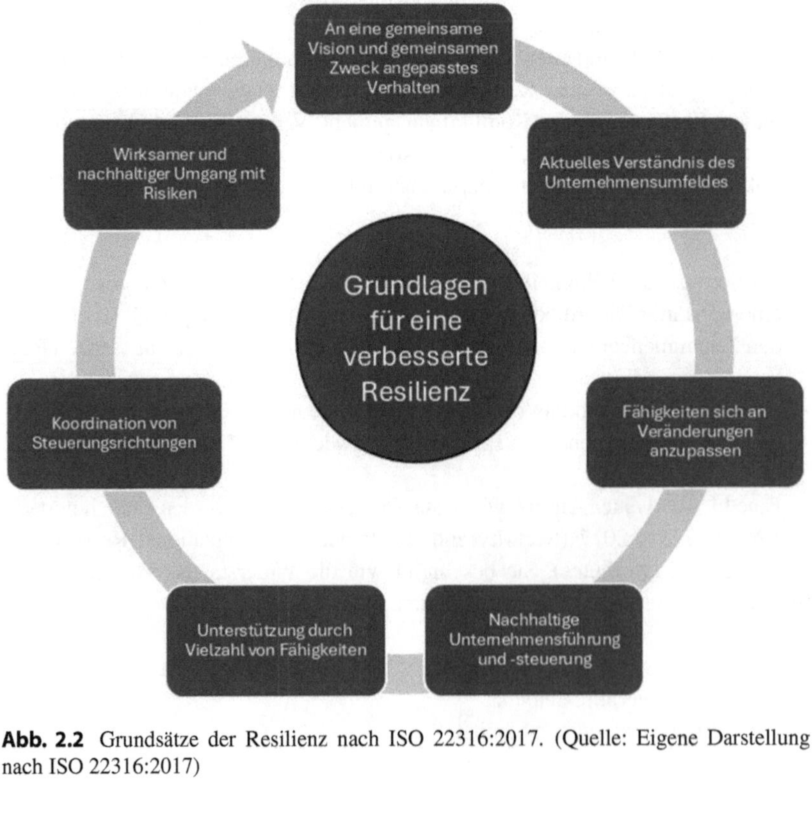

Abb. 2.2 Grundsätze der Resilienz nach ISO 22316:2017. (Quelle: Eigene Darstellung nach ISO 22316:2017)

Wenn eine Organisation (ein Unternehmen) sich die Grundlagen für die eigene Resilienz angeeignet hat, wird sie in der Regel die Eigenschaften aufweisen, die in der Norm beschrieben sind:

- Gemeinsame Vision und Transparenz des Zwecks
- Verständnis und Beeinflussung des Umfelds
- Wirksame und bevollmächtigte Führung
- eine Kultur, die die betriebliche Belastbarkeit unterstützt
- geteilte Information und Wissen
- Verfügbarkeit von Ressourcen
- Entwicklung und Koordination von Steuerungselementen
- Unterstützung von ständiger Verbesserung
- die Fähigkeit, Veränderungen vorherzusehen und zu steuern

Resilienz ist in der Definition der ISO-Normen kein unternehmerisches Steuerungselement, sondern das Ergebnis der Anwendung von verschiedenen Steuerungselementen, deren Anforderungen den Managementsystemnormen zu entnehmen sind. Die ISO 22316 allein anzuwenden, reicht nicht aus, denn sie stellt nur eine Hilfsnorm dar, die den Zusammenhang mit Empfehlungen beschreibt. Die Liste der Steuerungselemente im Anhang A liefert den relevanten Gesamtzusammenhang für die Belastbarkeit einer Organisation (ISO 22316:2017).

3 Nachhaltige Führung und Unternehmenskultur

Führung wird heute als ein kollaborativer, situativer und inspirierender Prozess verstanden. Sie basiert auf sozialem Einfluss, Vertrauen und Authentizität, wobei Führungskräfte ihren Mitarbeitenden Bedingungen für Motivation schaffen, gemeinsam Werte und Ziele entwickeln und flexibel auf Veränderungen reagieren. Dabei steht die Entwicklung der Organisation und ihrer Mitarbeitenden im Mittelpunkt, wobei ethisches Verhalten und Transparenz eine wichtige Rolle spielen (Northouse 2019).

Nachhaltige Führung hingegen kann, als ein Führungsansatz bezeichnet werden, der darauf abzielt, langfristige ökologische, soziale und ökonomische Ziele zu integrieren und zu fördern. Dabei steht die Verantwortung der Führungskräfte im Vordergrund, nachhaltige Entscheidungsprozesse zu implementieren, die sowohl die Bedürfnisse gegenwärtiger als auch zukünftiger Stakeholder berücksichtigen. Dieser Ansatz betont ethisches Verhalten, soziale Gerechtigkeit, Umweltverantwortung sowie die Förderung einer nachhaltigen Unternehmenskultur, um nachhaltigen Unternehmenserfolg und gesellschaftlichen Mehrwert zu gewährleisten.

Fasst man Führung als die bewusste Beeinflussung von Verhalten und Erleben der Mitglieder einer Organisation auf so folgt daraus: Je mehr es mit **nachhaltigen Strukturen** gelingt, die Einstellungen und das Verhalten von Mitgliedern einer Organisation in der gewünschten Art und Weise zu gestalten, desto weniger direkte Führung ist überhaupt nötig. Die folgende Tabelle stellt klassische und nachhaltige Führung gegenüber (Tab. 3.1).

Die erfolgreiche Implementierung nachhaltiger Führung in Unternehmen setzt daher eine enge Verknüpfung mit der Unternehmenskultur voraus. Ohne eine kulturelle Akzeptanz und Integration ist eine nachhaltigkeitsorientierte strategische

C. von Reibnitz, *Nachhaltige Führung in Gesundheitseinrichtungen*, essentials, https://doi.org/10.1007/978-3-662-72659-4_3

Tab. 3.1 Führungsverständnis im Vergleich

Klassisches Führungsverständnis	Nachhaltiges Führungsverständnis
Erfordert persönliches Handeln der Führungskraft	Führung ist an Unternehmensstrukturen ausgerichtet
Einsatz von Führungsinstrumenten stehen im Fokus (Zielvereinbarungen, Feedback)	Führungsinstrumente werden indirekt eingesetzt (z. B. Teambildung, Teamverantwortung, Delegation von Führungsaufgaben)
Menschenbild der Führung basiert auf engen Annahmen (unselbstständige und unmotivierte Mitarbeitende)	Menschenbild basiert auf handlungsfähigen, selbstständigen Mitarbeitenden
Orientierung und Steuerung gegenwärtiger Unternehmenssituation	Zukunftsorientierung und Entwicklung von Mitarbeitenden
Hierarchisches Führungsverständnis	Systemorientierter Führungsansatz mit wechselseitiger Beeinflussung von Mitarbeitenden und Führenden
Zentrierung auf Führungskraft	Zentrierung auf Mitarbeitenden

Quelle: Eigene Darstellung

Verankerung im Unternehmen nicht realisierbar. Dabei sind zwei Perspektiven von zentraler Bedeutung: Zum einen die Integration der Nachhaltigkeit in die Unternehmenskultur, zum anderen die Einbettung der Unternehmenskultur in den Nachhaltigkeitsprozess. Beide Ansätze sind essenziell, da sie gemeinsam die Grundlage für eine nachhaltige und nachhaltigkeitsorientierte Managementpraxis bilden. Erst durch die wechselseitige Durchdringung dieser beiden Perspektiven kann eine nachhaltige Unternehmenskultur dauerhaft etabliert werden.

3.1 Die Bedeutung der Unternehmenskultur

Um die Unternehmenskultur zu analysieren, stehen verschiedene Modelle zur Verfügung. Besonders hervorzuheben ist das Ebenen Modell des US-amerikanischen Sozialwissenschaftlers Edgar H. Schein aus dem Jahr 1985, das als eines der bedeutendsten gilt. Dieses Modell dient nicht nur als wertvolles Hilfsmittel zur Vertiefung des Verständnisses für die Kultur innerhalb einer Organisation, sondern auch zur Planung und Umsetzung von Veränderungen. Zudem ermöglicht es Führungskräften, die tieferliegenden Aspekte der Kultur zu erkennen und gezielt anzugehen, um nachhaltige Veränderungen zu erreichen.

Schein definiert Kultur als ein „Muster gemeinsamer Grundprämissen“ (Schein 1995, S. 25). Grundprämissen meinen hier geteiltes Wissen, eine gemeinsame

Erfahrungswelt der Gruppenmitglieder. Dieses Wissen werde erlangt, indem gemeinsam Probleme bewältigt und Ziele bearbeitet würden. Dabei reagieren Unternehmen auf Umweltveränderungen und -einflüsse (externe Anpassung) und nehmen von Zeit zu Zeit neue Mitglieder auf (interne Integration). Kultur wird von Schein als Lernprozess beschrieben, der zum einen eine Abgrenzung der Gruppe nach außen und zum anderen die Entwicklung eines Selbstverständnisses der Gruppe nach sich zieht. Die Unternehmenskultur habe einen rationalen und emotionalen Einfluss auf alle Gruppenmitglieder und ihr Verhalten mit dem langfristigen Ziel, Stabilität und Wachstum zu ermöglichen.

„Organisationskultur ist das Muster der Grundannahmen, die eine bestimmte Gruppe erfunden, entdeckt und entwickelt hat, indem sie gelernt hat, ihre Probleme externer Anpassung und interner Integration zu bewältigen und die sich soweit bewährt haben, dass sie als gültig betrachtet und deshalb neuen Mitgliedern als die richtige Haltung gelehrt werden sollen, mit der sie im Hinblick auf die genannten Probleme wahrnehmen, denken und fühlen sollen." (Schein 1984, S. 3)

Schein hat in seinem Modell drei verschiedene Ebenen der Unternehmenskultur identifiziert (Schein 1995, S. 18–20) und unterscheidet zwischen drei Ebenen der Kultur. Mit „Ebenen" bezeichnet er dabei den Grad, bis zu dem das jeweilige Kulturphänomen sowohl für die Beteiligten als auch für Außenstehende wahrnehmbar/beobachtbar ist (Abb. 3.1).

Artefakte (Ebene1) Dies ist die sichtbare Ebene der Organisationskultur. „Sie umfasst alles, was man sehen, hören und spüren kann, sobald man eine neue Organisation betritt." („Kulturmodell von Edgar Schein – WCG") Dazu gehören die Architektur der Büros, die Kleidung der Mitarbeiterenden, die Unternehmensrituale und -zeremonien, sowie offiziell festgelegte Verhaltensstandards und Prozesse. Diese sind sichtbar, aber interpretations-bedürftig. Hierzu gehören Strukturen und Prozesse sowie beobachtbares Ver halten.

Normen und Werte (Ebene 2) Auf dieser Ebene finden sich die ausdrücklichen Strategien, Ziele und Philosophien einer Organisation. Dazu gehören die offiziell kommunizierten Werte und Verhaltensnormen, die oft in Form von Unternehmensrichtlinien, Leitbildern oder in Mitarbeitenden Handbüchern festgehalten werden. Diese sind teils in der Organisation expliziert, wie z. B. in Leitbildern, teils sind sie implizit. Sie bleiben unbewusst und müssen nicht kongruent mit Artefakten sein, die in der Unternehmenskommunikation hervorgehoben werden.

Grundannahmen (Ebene 3) Dies ist die tiefste, meist unsichtbare und unbewusste Ebene der Organisationskultur. Sie besteht aus den unbewussten, selbst-

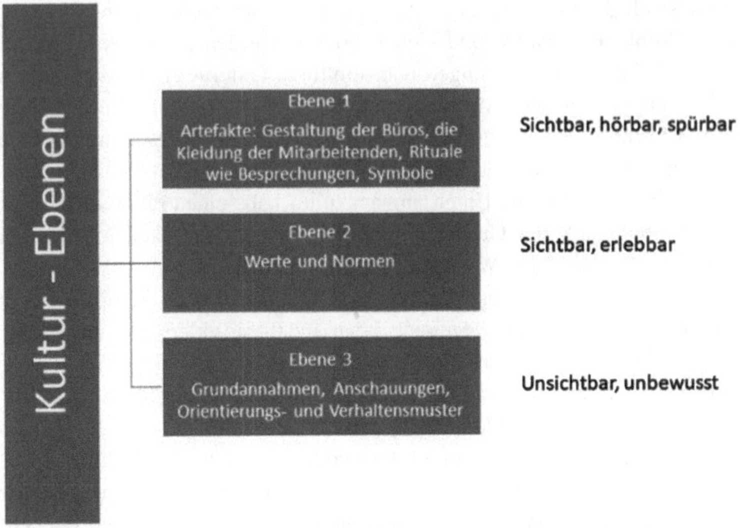

Abb. 3.1 Kulturebenen nach Schein. (Quelle: Eigene Darstellung)

verständlichen Annahmen, Wahrnehmungen, Gedanken und Gefühlen, die Mitglieder der Organisation teilen. Im Gegensatz zur zweiten noch weitestgehend explizierbaren und artikulierbaren Ebene, stehen hier tief liegende, unbewusste, nicht hinterfragte Glaubenssätze und Werte im Fokus, die aber dennoch stark handlungsleitend für die Mitglieder einer Organisation, ihr Verhalten, ihre Wahrnehmung, ihre Gedanken und Gefühle sind (Thomsen et al. 2020). Sie bilden den eigentlichen Kern der Unternehmenskultur und beeinflussen maßgeblich, wie Mitglieder einer Organisation denken, fühlen und sich verhalten.

► Die Unternehmenskultur in Gesundheitseinrichtungen umfasst somit die gemeinsamen Werte, Überzeugungen, Normen und Verhaltensweisen, die das tägliche Handeln von Mitarbeitenden und Führungskräften prägen. Sie bildet die Grundlage für das Arbeitsklima, die Zusammenarbeit im Team und die Art und Weise, wie Patienten*innen versorgt werden.

Die Bedeutung der Führungskräfte für die Organisation und das Verständnis von Nachhaltigkeit in Gesundheitsunternehmen ist hoch. Folgt man dem Verständnis von Schein bilden Führungskräfte die Gruppe in der Organisation, die den stärksten Einfluss auf die Bildung oder Veränderung der Kultur haben (Schein 2017).

„The culture of a group can be defined as the accumulated shared learning of that group as it solves its problems of external adaptation and internal integration; which has worked well enough to be considered valid and, therefore to be taught to new members as the correct way to perceive, think, feel and behave in relation of those problems. This accumulated learning is a pattern of system of believes, values and behavioural norms that come to be taken for granted as basic assumptions and eventually drop out of awareness“ (Schein 1985 [2004], 2017, S. 6).

Kulturfaktoren sind für Gesundheitseinrichtungen besonders relevant, weil sie die Grundlage für eine nachhaltige und verantwortungsvolle Versorgung schaffen. (Schein 2010; Hartmann und Moeller 2014). Sie weisen unterschiedliche Ausprägungen auf (Tab. 3.2).

Gerade in Zeiten des Fachkräftemangels ist eine positive Kultur ein wichtiger Wettbewerbsvorteil.

Herausforderungen wie die COVID-19-Pandemie haben gezeigt, wie wichtig eine starke Unternehmenskultur ist, um Krisen gemeinsam zu bewältigen.

Leitbild

Das Leitbild definiert die grundlegenden Werte, Visionen und Zielsetzungen des Unternehmens. Es dient als Orientierungshilfe für Führungskräfte und Mitarbeitende, um ein gemeinsames Verständnis von ethischen Prinzipien, langfristigen Zielen und der gewünschten Unternehmenskultur zu entwickeln. Durch ein klar formuliertes Leitbild wird nachhaltiges Handeln gefördert, da es die Priorisierung von ökologischen, sozialen und ökonomischen Aspekten in der Führungspraxis unterstützt.

Das Leitbild eines Unternehmens gibt die Richtung und die grundlegenden Ziele vor, die eine Organisation anstrebt. Es definiert, was das Unternehmen erreichen will und welche Werte dabei eine Rolle spielen. Die Unternehmenskultur fungiert in diesem Zusammenhang als praktischer Ausdruck des Leitbildes und beeinflusst, wie diese Werte und Ziele im Arbeitsalltag umgesetzt werden. Das Leitbild sollte im Idealfall die Unternehmenskultur reflektieren und umgekehrt. „Unternehmenskultur wird von innen und außen durch die Handlungen, Verhaltensweisen und

Entscheidungen der Unternehmensmitglieder wahrnehmbar und wird durch deren geteilte Werte

und Normen determiniert.“ (Wache 2022, S. 84)

„Unternehmenskultur wird von innen und außen durch die Handlungen, Verhaltensweisen und Entscheidungen der Unternehmensmitglieder wahrnehmbar und wird durch deren geteilte Werte und Normen determiniert.“ (Wache 2022, S. 84)

Die Unternehmenskultur umfasst die geteilten Werte, Normen und Verhaltensmuster, die im Unternehmen vorherrschen. Sie beeinflusst, wie Führungskräfte

Tab. 3.2 Ausprägungen der Kulturfaktoren

Kulturfaktoren	Ausprägungen
Werte und Normen	In Gesundheitseinrichtungen stehen das Wohl der Patient*innen sowie die Fürsorge im Mittelpunkt. Eine werteorientierte Kultur, die Gesundheit, Umwelt und soziale Verantwortung betont, fördert ethische Behandlungen und nachhaltige Abläufe, die langfristig positive Effekte haben.
Verhaltensmuster und Überzeugungen	Überzeugungen wie Verantwortungsbewusstsein und Fürsorge beeinflussen das tägliche Handeln der Mitarbeitenden. Sie fördern die Motivation, nachhaltige Maßnahmen umzusetzen, wie z. B. im Bereich der Hygiene, Ressourcenschonung oder umweltgerechte Entsorgung medizinischer Abfälle.
Führungsstil und Vorbildfunktion	Führungskräfte, die nachhaltiges Verhalten vorleben, setzen Standards und schaffen Vertrauen. In Gesundheitsorganisationen ist die Vorbildfunktion besonders relevant, da sie die Motivation der Mitarbeitenden unterstützt, nachhaltige Prozesse zu fokussieren und zu leben und damit direkt die Versorgungsqualität beeinflussen.
Kommunikation und Transparenz	Offene, respektvolle und transparente Kommunikation zwischen Ärzten, Pflegekräften, Therapeuten und anderem Personal ist essenziell, um Fehler zu vermeiden und eine effiziente Versorgung sicherzustellen. Eine Kultur, die Transparenz und Teamarbeit fördert, stärkt das Zusammengehörigkeitsgefühl und erleichtert die Bewältigung von Herausforderungen.
Innovationskultur	Innovationen sind notwendig, um umweltfreundliche Technologien, ressourcenschonende Verfahren und nachhaltige Versorgungskonzepte, neue medizinische Erkenntnisse, Technologien und Behandlungsmethoden zu integrieren. Eine innovationsfördernde Kultur erleichtert die Umsetzung neuer, nachhaltiger Lösungen im Versorgungsalltag.
Partizipation und Mitbestimmung	Die Einbindung der Mitarbeitenden in Entscheidungen erhöht die Akzeptanz nachhaltiger Maßnahmen, was in Gesundheitseinrichtungen besonders wichtig ist, um Veränderungen im Arbeitsalltag zu implementieren.
Lern- und Anpassungsfähigkeit	Die Fähigkeit, aus Erfahrungen zu lernen und sich an neue Herausforderungen anzupassen, ist essenziell, um nachhaltige Praktiken kontinuierlich zu verbessern – zum Beispiel bei Ressourcenknappheit oder neuen Umweltauflagen.
Patientenzentrierung	In einer positiven Unternehmenskultur stehen die Patient*Innen im Mittelpunkt. Das bedeutet, dass alle Mitarbeitenden bestrebt sind, eine möglichst sichere und qualitativ hochwertige Versorgung zu gewährleisten. Dies fördert Vertrauen und Zufriedenheit bei den Patienten*innen.
Bindung von Mitarbeitenden	Eine Unternehmenskultur, die Wertschätzung, Unterstützung und Entwicklungsmöglichkeiten bietet, trägt dazu bei, die Motivation von allen Mitarbeitenden zu fördern und Fluktuation zu reduzieren.

Quelle: Eigene Darstellung

Entscheidungen treffen, mit Mitarbeitenden kommunizieren und Veränderungen umsetzen. Eine positive, werteorientierte Kultur fördert nachhaltiges Führungsverhalten, indem sie Verantwortungsbewusstsein, Transparenz und langfristiges Denken stärkt. Sie schafft ein Umfeld, in dem nachhaltige Strategien verankert und aktiv gelebt werden.

„Ein **Leitbild** ist eine schriftliche Erklärung einer Organisation über ihr Selbstverständnis und ihre Grundprinzipien. Es formuliert einen Zielzustand. Nach innen soll ein Leitbild Orientierung geben und somit handlungsleitend und motivierend für die Organisation als Ganzes und die einzelnen Mitglieder wirken. Nach außen (Öffentlichkeit, Kunden) soll es deutlich machen, für was eine Organisation steht.“ (Bleicher 1994, S. 274)

Das Leitbild ist ein wichtiger Indikator dafür, welche kulturellen Elemente im Unternehmen besonders gefördert werden. Organisationen, die ein Leitbild verfolgen, das auf Nachhaltigkeit setzt, fördern entsprechende Verhaltensweisen und Entscheidungsprozesse. Beispiele hierfür können Richtlinien zur Reduzierung von Abfall, umweltfreundliche Beschaffung und die Förderung von Diversität und Inklusion sein. Diese kulturellen Praktiken spiegeln das Leitbild wider und tragen zur nachhaltigen Transformation bei. Leitbild und Unternehmenskultur stehen in einer symbiotischen Beziehung. Eine nachhaltige Unternehmenskultur kann nur durch ein starkes, wertebasiertes Leitbild gefördert werden, das Nachhaltigkeit als zentralen Bestandteil verankert. Umgekehrt hilft eine gut entwickelte Unternehmenskultur dabei, das Leitbild in die Praxis umzusetzen und die langfristigen Ziele der nachhaltigen Transformation zu erreichen.

3.2 Kennzeichen einer nachhaltig geführten Organisation

Eine nachhaltig geführte Organisation kann auch als gesunde Organisation beschrieben werden. Arbeitgebende und Arbeitnehmende tragen gemeinsam zur Werterhaltung der Versorgung bei (Abb. 2.2). Eine nachhaltig geführte Organisation folgt einer systemischen und menschenorientierten Grundhaltung, aus der sich die folgenden Annahmen ableiten (von Reibnitz 2023, S. 43):

- Eine Organisation ist ein lebendes System.
- Die Gesundheit dieses Systems ist Mittel und Zweck zugleich.
- Eine gesunde Organisation verfolgt einen tieferliegenden Sinn.
- Sie basiert auf gesunden Menschen.

- Jeder Mensch ist bestrebt, sich selbst zu verwirklichen und verfügt über entsprechende Potenziale.
- Diese Potenziale zu entfalten, ist Führungsaufgabe.
- Führung bedeutet Unterstützung zur Selbstführung.
- Kontextgestaltung und Dienstleistung sind Führungsfunktionen, die Unterstützung zur Selbstführung ermöglichen.
- Selbstführung ist ein Mittel zur Potenzialentfaltung.
- Potenzialentfaltung mündet in außergewöhnlicher Leistung.
- Leistung und Gesundheit können sich gegenseitig verstärken.
- Eine gesunde Organisation ist langfristig leistungsfähiger und nachhaltiger als ihre Mitbewerber.

Insbesondere ist eine nachhaltig geführte Organisation durch motivierende Führung und eine eigenverantwortlich agierende Belegschaft sowie durch Kompetenz und aufgabenorientierten Personaleinsatz gekennzeichnet. Geprägt wird dies durch die Arbeitsweise der Organisation. Es wird eine Sensibilität und Awareness für Chancen, Ideen und Innovationen geschaffen. Fähigkeiten und Gestaltungswille werden gestärkt und die Flexibilität des Unternehmens gesichert.

Motivierende Führung ist notwendig, um Veränderungen und Innovationen voranzutreiben und Krisen zu bewältigen. Führungspersönlichkeiten müssen Weitblick zeigen und anhand des kollektiven Wissens nachhaltig Entscheidungen treffen. Ferner agieren sie durch Haltung als Vorbilder für die Mitarbeitenden. Eine nachhaltig geführte Organisation ist aufgefordert qualifizierte Personen für sich gewinnen können (von Reibnitz 2023).

Darin liegt eine wachsende Herausforderung, da die Bedürfnisse, Anforderungen und Erwartungen von Mitarbeitenden, gerade in der X- und Y-Generation sich wandeln. Pflegefachkräfte legen Wert auf Eigenverantwortung, sie wollen in kleinen Gruppen eigene Entscheidungen treffen können – auch wenn sie in der Hierarchie nicht (sehr) weit oben stehen. Ferner ist ihnen wichtig, gemäß ihren tatsächlichen Fähigkeiten eingesetzt zu werden, denn das eröffnet ihnen mehr Entwicklungsmöglichkeiten. Von dieser Haltung profitieren die Gesundheitseinrichtungen: Hoch motivierte und engagierte Mitarbeitende sind weniger auf formale Prozesse und feste Strukturen angewiesen, um Maßnahmen umzusetzen und Veränderungen zu bewältigen.

Mögliche Ergebnisse nachhaltig geführter Unternehmen nach von Reibnitz (2023) zeigt Tab. 3.3.

Die in der Tabelle dargestellten Ergebnisse machen deutlich, dass sich die Implementierung von Nachhaltigkeit für Einrichtungen, Mitarbeitende, Patient*innen, das Gesundheitssystem sowie die Gesellschaft als Ganzes lohnen kann.

Tab. 3.3 Ergebnisse nachhaltig geführter Unternehmen

sozial-ökologische Nutzen	Ökonomischer Nutzen
• leistungsfähige, motivierte, engagierte, loyale Mitarbeitende • konstruktive, faire und authentische Beziehungen • eine partizipative Unternehmenskultur mit hohen ethischen Standard • offene, transparente und ehrliche Kommunikation mit ganzheitlichen Feedbackprozessen • konstruktive Diversität und damit die Förderung einer gesunden Konfliktkultur • Respekt, Achtung und Wertschätzung • Entwicklung von Selbstführungs- und Selbstorientierungskompetenz • Befriedigung des menschlichen Bedürfnisses nach Autonomie, Sinn und Transparenz • Entfaltung von Potenzialen (Talenten, Stärken, Wissen) der Mitarbeitenden und Selbstverwirklichung • Stärkung von ökologischer und sozialer Nachhaltigkeit und Einhaltung von CSR- Standards (Corporate Social Responsibility)	• geringere Krankheitskosten durch verringerte Fehlzeiten • Steigerung der Arbeitsfähigkeit durch höhere Leistungsfähigkeit und -bereitschaft sowie verringerten Arbeitsausfall • geringere Fluktuationskosten • höhere Potenzialentfaltung, höhere Kreativität, Diversität und Fehlertoleranz • organisationale Beweglichkeit durch verringerte strukturelle und prozessbezogene Beschränkungen • durch Verantwortungsübertragung an Mitarbeitende stärkeres Employer Branding durch zufriedene Mitarbeitende, steigende Arbeitgeberbewertungen und bessere Außendarstellung • Kosten- und Zeiteinsparung durch den Abbau bürokratischer Prozesse

Quelle: Eigene Darstellung

3.3 Mitarbeiterorientierung im Kontext von Nachhaltigkeit

Die Integration von Mitarbeiterorientierung in die Nachhaltigkeitsstrategie eines Gesundheitsunternehmens ist essenziell, da Mitarbeitende die wichtigste Ressource und das Herzstück jeder Organisation sind. Eine mitarbeiterorientierte Unternehmenskultur fördert nicht nur das Wohlbefinden und die Motivation der Mitarbeitenden, sondern trägt auch maßgeblich zur ökologischen, sozialen und ökonomischen Nachhaltigkeit bei.

Hintergrundinformation

Bedeutung der Mitarbeiterorientierung für Nachhaltigkeit

Mitarbeiterorientierung umfasst Maßnahmen, die auf die Bedürfnisse, das Wohlbefinden und die Entwicklung der Mitarbeitenden abzielen. In einem nachhaltigen Gesundheitsunternehmen sind motivierte, gut geschulte und gesunde Mitarbeitende in der Lage, qualitativ hochwertige Versorgung zu gewährleisten, Innovationen voranzutreiben und eine positive Arbeitsumgebung zu schaffen. Dies führt zu einer verbesserten Arbeitsqualität, geringeren Fluktuationsraten und einer stärkeren Identifikation mit den Unternehmenszielen, was wiederum die soziale Nachhaltigkeit stärkt (Luthans und Youssef-Morgan 2021).

Zusammenhang zwischen Mitarbeiterorientierung und nachhaltigem Erfolg

Studien zeigen, dass eine mitarbeiterorientierte Unternehmenskultur direkte positive Effekte auf die organisatorische Leistung hat. So belegt Koo et al. (2020), dass das Wohlbefinden der Mitarbeitenden eng mit der nachhaltigen Entwicklung eines Unternehmens verbunden ist. Mitarbeitende, die sich wertgeschätzt und unterstützt fühlen, zeigen eine höhere Arbeitszufriedenheit, Engagement und Resilienz, was wiederum die Innovationsfähigkeit und die Fähigkeit zur Bewältigung von Herausforderungen erhöht.

Einfluss auf soziale Nachhaltigkeit

Die **soziale Dimension der Nachhaltigkeit** wird durch Maßnahmen zur Förderung der Gesundheit, Work-Life-Balance und Mitbestimmung der Mitarbeitenden gestärkt. Eine faire Behandlung, transparente Kommunikation und die Einbindung der Mitarbeitenden in Entscheidungsprozesse schaffen ein positives Arbeitsklima und fördern die soziale Gerechtigkeit (Europäische Kommission 2021). Dies ist besonders im Gesundheitswesen relevant, wo Mitarbeitende häufig hohen physischen und psychischen Belastungen ausgesetzt sind.

Mitarbeiterorientierung und Führungsverhalten sind nicht losgelöst voneinander zu betrachten. Führungsverhalten stellt eine wesentliche Ressource im Kontext gesunder Arbeitsbedingungen dar, wie z. B. durch die soziale Unterstützung der Beschäftigten und den Führungsstil. Anderseits kann Führung auch zum Stressor für die Mitarbeitenden, z. B. durch unzureichendes Konfliktmanagement, Ungeduld des Vorgesetzten und beleidigendes Verhalten werden. In der klassischen Literatur zu Führungsstilen lassen sich aufgaben- oder personenorientierte Führungsstile differenzieren. Hier werden Führungsstile auf einem Kontinuum von autoritär bis kooperativ abgebildet, wobei die Entscheidungsgewalt im Falle des autoritären Führungsstils bei der Führungskraft liegt, während bei dem kooperativen Führungsstil ein Mitentscheidungsrecht von Mitarbeitenden existiert (Boerner et al. 2017). Ein autoritärer Führungsstil kann Arbeits- und Entscheidungsprozesse beschleunigen, wirkt sich hingegen negativ auf die Motivation der Mitarbeitenden aus. Ein partizipativer (demokratischer) Führungsstil, bei dem alle mitsprechen können und Entscheidungen sehr lange diskutiert werden, beeinflusst die psychische Gesundheit positiv und verlangsamt hingegen die Prozesse. Bei einem Laissez-faire-Führungsstil wird eine negative Wirkung auf die Gesundheit der Beschäftigten vermutet, da dieser Stil maßgeblich durch Passivität und einen weitgehenden Verzicht auf Führung und Einfluss gekennzeichnet ist (Thorough-good 2021). Der Einfluss ungünstig gestalteter (psychosozialer) Arbeitsbedingungen (z. B. fehlende Rollenklarheit, unpassende quantitative Anforderungen, mangelnde Vorhersehbarkeit) auf die (psychische) Gesundheit ist ausführlich nachgewiesen (Negt 2023). Mitarbeiterführung bedeutet jedoch nicht nur eine positive Einflussnahme auf das Verhältnis der Führungskraft zu den Mitarbeitenden, sondern auch auf das Arbeitspensum. Durch ihren Einfluss auf die Auslastung des Personals haben Führungskräfte Verantwortung für die psychische und gesundheitliche Verfassung der Mitarbeitenden. Gegenseitiges Abwägen der Fähigkeiten der einzelnen Mitarbeitenden und der delegierten Aufgaben ist notwendig, um Unter- oder Überforderung und somit Frust, Stress, Druck oder Demotivation zu vermeiden.

Welches Führungsmodell ist für eine gesundheitskompetente Führung geeignet?
Bei den traditionellen Führungsmodellen lassen sich sowohl beim autoritären als auch beim Laissez-faire-Stil Merkmale identifizieren, die potenziell negative Auswirkungen auf die Gesundheit der Mitarbeitenden haben können. Ein ausgeprägtes Kontroll- und Überwachungsverhalten sowie eine unzureichende Delegation von Verantwortung erhöhen den Frust sowie den Druck auf die Mitarbeitenden. Ebenso können ein übermäßiger Handlungsspielraum oder unklare Zielvorgaben zu einer Belastung werden. Unabhängig vom jeweiligen Führungsstil ist es daher notwendig, Instrumente einzusetzen, die einerseits die Erwartungen der Führungskraft transparent machen und andererseits Informationen über die Mitarbeitenden bereitstellen, um eine adäquate Führung überhaupt zu ermöglichen.

Hintergrundinformation

Ein Führungsmodell ist eine theoretische Grundlage oder ein Rahmen, der beschreibt, wie Führung funktionieren sollte. Es gibt verschiedene Modelle, die unterschiedliche Ansätze und Prinzipien der Führung darstellen.

Ein Führungsstil ergibt sich aus dem Führungsmodell und beschreibt die grundsätzliche Art und Weise, wie eine Führungskraft ihre Mitarbeitenden führt. Es handelt sich um eine relativ stabile Verhaltenspräferenz oder -haltung, die sich in bestimmten Mustern zeigt, wie z. B. autoritär, kooperativ oder laissez-faire.

Führungsverhalten sind die konkreten Handlungen und Verhaltensweisen, die eine Führungskraft in der Praxis zeigt. Sie sind die Umsetzung des Führungsstils im Alltag.

Das Full Range of Leadership Modell von Bass und Avolio (1995) gilt als eines der bedeutendsten aktuellen Führungsmodelle und beschreibt drei Dimensionen des Führungsverhaltens: transaktionale Führung, transformationale Führung und

Laissez-Faire-Führung (Bass 1985; zitiert nach Furtner und Baldegger 2023, S. 157). Die Laissez-Faire-Führung stellt kein echtes Führungsverhalten dar, da die Führungskraft sich kaum am Tagesgeschäft beteiligt, Entscheidungen meidet und keine Rückmeldungen oder Belohnungen gibt (Furtner und Baldegger 2023, S. 162).

Transaktionale Führung basiert auf einem Austauschprinzip, bei dem klare Zielvereinbarungen, Belohnungen und Sanktionen im Vordergrund stehen. Es umfasst die Komponenten **Management by Exception (aktiv und passiv)** und **Leistungserwartungen** (Bass 1985; Furtner und Baldegger 2023, S. 157). Sie konzentriert sich auf die Erfüllung von Aufgaben durch kontrollierende und korrigierende Maßnahmen, wobei die Motivation vor allem extrinsisch ist. Sie ist effektiv bei der Erreichung kurzfristiger Ziele, zeigt jedoch weniger Einfluss auf Innovation und langfristige Entwicklung (Bass und Avolio 1995). Bei Nichterreichen der Ziele kann es entweder zu indirekter Bestrafung durch Wegfall der Belohnung oder zu direkter Bestrafung wie Versetzung oder Kündigung kommen (Furtner und Baldegger 2023, S. 159).

Die **transformationale** Führung legt den Fokus auf die Motivation (Furtner und Baldegger 2023, S. 157). So steigt die intrinsische Motivation der Mitarbeitenden, was zu höherer Leistung führt und sie dazu motiviert, über ihre eigenen Erwartungen hinauszugehen und im Sinne des Unternehmens zu handeln (Esslinger et al. 2022, S. 204). Zudem verbessern sich die Zufriedenheit von Mitarbeitenden und Kunden, was den wirtschaftlichen Erfolg des Unternehmens fördert. Mitarbeitende, die transformational geführt werden, entwickeln Vertrauen, Respekt und Bewunderung gegenüber ihrer Führungskraft, was die Loyalität stärkt. Sie sind zudem eher bereit, mehr zu leisten als erwartet, und die Förderung ihrer Kompetenzen führt zu höherer Selbstdisziplin. Der Teamgeist wird durch eine faire Kommunikation ebenfalls gestärkt (Pelz 2013, S. 36). Außerdem kann das Selbstbewusstsein und Selbstwertgefühl der Mitarbeitenden verbessert werden (Kortmann 2016, S. 66).

Im Gegensatz zur transformationalen Führung, die auf Motivation und Entwicklung von Mitarbeiter*innen abzielt, legt die transaktionale Art des Führens den Schwerpunkt auf die Verwaltung und Kontrolle von Arbeitsprozessen. Tab. 3.4 zeigt beide Führungskonzepte im Vergleich.

Da transformationales Führungsverhalten Eigeninitiative fördert, steigt auch die Lernbereitschaft der Mitarbeitenden (Pelz 2013, S. 36). Organisationen werden durch diesen Führungsstil dazu angeregt, kontinuierlich zu lernen und ihre Fähigkeiten weiterzuentwickeln, was ihnen hilft, unvorhergesehene Veränderungen besser zu bewältigen (Esslinger et al. 2022, S. 212). Den Zusammenhang von Führungsstilen und Beschäftigtengesundheit beschreibt ausführlich Montano et al.

Tab. 3.4 Führungskonzepte im Vergleich

	Transaktionale Führung	Transformationale Führung
Merkmale		
	Führungskräfte greifen nur ein, wenn es zu Abweichungen von den vorgegebenen Regeln kommt. Anweisungen und Richtlinien werden verfolgt, ohne Fragen zu stellen. Mitarbeitende erhalten Belohnungen, wenn sie bestimmte Ziele erreichen oder bestimmte Leistungsstandards erfüllen.	Führungskräfte vermitteln eine klare und inspirierende Vision. Interessen, Bedürfnisse von Mitarbeitenden werden berücksichtigt. Eine individualisierte Betreuung findet statt. Mitarbeitende werden aktiv bei Entscheidungen involviert. Die Fähigkeit zur Problemlösung und Innovation wird gefördert. Führungskräfte agieren als Vorbilder und präsentieren ethische Standards sowie Werte, die die Mitarbeitenden beeinflussen sollen.

Quelle: Eigene Darstellung nach Müllner und Müllner (2021)

(2017, S. 340). Sie stellen heraus, dass Führungsstile, die die Unterstützung, Orientierung und Inspiration beinhalten, wie transformationale, transaktionale, sowie mitarbeiterorientierte Führung, auf Wohlbefinden und der Gesundheit der Mitarbeiterinnen und Mitarbeiter positiv wirksam sind. Im Gegensatz dazu wurden deutliche negative Auswirkungen auf die Gesundheit durch destruktives Führungsverhalten, Laissez-faire Führung und mangelnde Führungskompetenz beobachtet (Thomson et al. 2020). Insbesondere als feindlich empfundene verbale oder nonverbale Verhaltensweisen der Führungskraft stehen in einem klaren Zusammenhang mit gesundheitlichen Beeinträchtigungen wie emotionaler Erschöpfung, depressiven Symptomen sowie einem schlechten Teamklima. Auch belegt Fusco (2021), dass transformationale Führung signifikant mit den Gesundheitsoutcomes der Mitarbeitenden wie geringere Stresslevel, weniger Burnout-Symptome und insgesamt bessere physische Gesundheit verbunden ist.

▶ 1. Das subjektive Empfinden von Stress und gesundheitlichen Belastungen im Arbeitsumfeld wird zunehmend als bedeutende Einflussfaktoren erkannt, die als veränderbare Belastungen betrachtet werden und nicht länger als unvermeidlich hingenommen werden sollten.
2. Führungskräfte entwickeln ein bewussteres Verständnis für die Bedeutung ihrer eigenen Gesundheit als Grundlage ihrer Leistungsfähigkeit

sowie für die Auswirkungen ihres Führungsverhaltens auf die Gesundheit ihrer Mitarbeitenden.

3. Die Relevanz von Lern- und Entwicklungsprozessen im Bereich gesunder Führung zeigt sich durch nachweislich positive Effekte auf den Gesundheitszustand sowohl der Führungskräfte als auch der Mitarbeitenden.

Die Integration von Mitarbeiterorientierung und transformationalem Führungsverhalten kann somit eine effektive Strategie darstellen, um sowohl die individuellen Bedürfnisse der Mitarbeitenden zu erfüllen als auch die organisatorische Leistungsfähigkeit zu steigern.

Das eigene Verhalten von Führungskräften im Hinblick auf ihre eigene Gesundheit ist nicht losgelöst vom Führungskonzept zu betrachten. Gesundheitskompetente Führung und Mitarbeiterorientierung sind zentrale Konzepte, die für die Nachhaltigkeit in Gesundheitseinrichtungen eine bedeutende Rolle spielen. Führungskräften, die Gesundheit und das Wohlbefinden ihrer Mitarbeitenden fördern, indem sie ein gesundheitsförderliches Arbeitsumfeld schaffen, Stress reduzieren und Ressourcen für die Gesundheit bereitstellen, benötigen entsprechende Kompetenzen.

4 Nachhaltige Gesundheit

4.1 Prinzipien gesundheitskompetenter Führung

Gesundheitskompetente Führung basiert auf bestimmten Prinzipien, weil sie nachweislich positive Auswirkungen auf die Gesundheit der Mitarbeitenden und die Organisation hat. Wissenschaftliche Studien zeigen, dass Führungskräfte, die gesundheitskompetent sind, das Arbeitsumfeld so gestalten können, dass Stress reduziert, das Wohlbefinden gefördert und die Motivation gesteigert wird. Bock und Rana (2023) begründen die Notwendigkeit gesundheitskompetenter Führung insbesondere durch die zunehmenden Herausforderungen in der Arbeitswelt. Arbeitsplätze in Gesundheitsunternehmen sind durch hohe Anforderungen, Stress und Unsicherheiten gekennzeichnet, was die Gesundheit der Mitarbeitenden gefährden kann. Wissenschaftliche Studien zeigen, dass hier eine unterstützende und gesundheitskompetente Führung das Wohlbefinden der Mitarbeitenden verbessert, Burnout und psychische Erkrankungen reduziert sowie die Motivation und Produktivität steigert. Ein weiterer Aspekt ist, dass gut ausgebildete Führungskräfte durch ihre Kompetenz präventiv handeln können, um Risiken frühzeitig zu erkennen und gegenzusteuern. Das trägt dazu bei, Krankheitsausfälle zu verringern und die langfristige Gesundheit der Mitarbeitenden zu sichern. Folgende Prinzipien einer gesundheitskompetenten Führung lassen sich herausstellen (Tab. 4.1).

Führungskräfte vernachlässigen häufig selbst Prävention und die eigene Gesunderhaltung und nehmen diesbezüglich keine Vorbildfunktion gegenüber den Mitarbeitenden ein. Obwohl sie mehr betriebliche Ressourcen, Freiräume und Kontrolle über Aufgaben sowie Entscheidungen haben, werden sie – wie ihre Mitarbeitenden physisch und psychisch durch ihr Arbeitspensum und andere Faktoren gesundheitlich belastet. Die Vorbildrolle kann sich negativ auf die ganze Belegschaft

C. von Reibnitz, *Nachhaltige Führung in Gesundheitseinrichtungen*, essentials, https://doi.org/10.1007/978-3-662-72659-4_4

Tab. 4.1 Prinzipien gesundheitskompetenter Führung

Prinzipien	Anforderungen
Empathie	Führungskräfte sollten in der Lage sein, sich in ihre Mitarbeitenden hineinzuversetzen und deren Bedürfnisse, Herausforderungen und Emotionen zu verstehen. Einfühlungsvermögen, Zuhören und das Gefühl, verstanden zu werden, schaffen eine Verbindung, bauen Stress ab und fördern ein positives Arbeitsklima. Empathie bedeutet, die Welt des anderen wirklich zu verstehen oder verstehen zu wollen, auch wenn sie nicht der eigenen gleicht.
Wertschätzende Kommunikation	Leistungen und Beiträge der Mitarbeitenden sind grundsätzlich anzuerkennen. Für die Gesundheit ist darüber hinaus Wertschätzung entscheidend. Lob fokussiert auf das Tun und die Leistung und Wertschätzung auf die Person. Wenn Beschäftigte sich geschätzt und gesehen fühlen, sind sie motivierter und engagierter. Ihr Platz in der Gruppe ist dann nicht variabel und leistungsabhängig, sondern stabil und durch die Person an sich gegeben. Gefühle wie Sicherheit, Zugehörigkeit und Geborgenheit wirken beruhigend auf das Nervensystem, entspannen dadurch den Körper, bauen Stresshormone ab und führen letztlich zu mehr Zufriedenheit (Grande 2018).
Autonomie und Verantwortung	Studien zeigen, dass das obere Management häufig weniger Stress als das mittlere Management (KLU 2021) empfindet. Der Zusammenhang zwischen Autonomie und Zufriedenheit erklärt das klassische Job Characteristics Model von Hackman und Oldham (1980). Gesunde Führung fördert die Autonomie der Mitarbeitenden, gibt ihnen Raum zur Entfaltung und überträgt Verantwortung. Verantwortung und Autonomie zu erhalten ist ein Zeichen von Vertrauen, das für ein gesundes Arbeitsklima wichtig ist.
Sinnhaftigkeit	Gesunde Führung bedingt das Grundverständnis der Motivation. Mitarbeitende können durch extrinsische oder intrinsische Faktoren motiviert werden. Extrinsische Faktoren wären z. B. das Erreichen einer Belohnung (Gehalt, Bonus, Beförderung) oder das Vermeiden einer Bestrafung (Kündigung, Versetzung). Extrinsische Motivation birgt jedoch auch Gefahren und kann den Körper in Alarmbereitschaft versetzen. Die intrinsische Motivation hingegen hat sich als langfristig stabiler für Motivation und Zufriedenheit erwiesen, da sie selbstbestimmt (autonom) ist. Intrinsische Faktoren sind z. B. gesundheitsförderliches Arbeitsumfeld, Arbeitsklima, Wertschätzung und Gewährung von Autonomie.

Quelle: Eigene Darstellung in Anlehnung an Bock und Rana (2023)

auswirken. Wissenschaftliche Studien belegen, dass nur „gesunde“ und „resiliente“ Vorgesetzte die Gesundheit ihrer Mitarbeitenden bewusst im Blick haben und aktiv fördern Zeike et al. (2022). Im Gegensatz dazu stehen Führungskräfte mit zu hohen Ansprüchen an die eigene Leistungsfähigkeit oder mangelnder Selbstführung.

Diese achten meist weniger auf die Gesundheit ihrer Beschäftigten und üben auf diese oftmals auch mehr Druck aus. Die Mitarbeitenden werden dann häufiger oder länger krank, weshalb demzufolge bestimmte Ziele dann nicht erreicht werden können, die Führungskraft wiederum unter stärkerem Druck leidet, diese Ziele zu erreichen und so letztendlich die Leistungsfähigkeit der gesamten Organisation zurückgehen kann.

4.2 Welche Kompetenzen brauchen Führungskräfte?

Bei Führungskräften sind in diesem Kontext viele weitere zusätzliche Kompetenzen gefragt, wie die Fähigkeit der Delegation, Gestaltung von partizipativen Entscheidungsprozessen, Schaffung gesunder Rahmenbedingungen sowie Erkennen von Belastungen der Mitarbeitenden. Viele Führungskräfte befinden sich dadurch in einer „Sandwichposition": sie sind mit Anforderungen mehrerer Seiten konfrontiert. Dennoch haben sie einen großen Einfluss auf die arbeitsbezogenen Belastungen und die Förderung von Ressourcen der Mitarbeitenden und nehmen so eine wichtige Schlüsselposition in der Gesunderhaltung der Mitarbeitenden ein. Regelmäßige Schulungen für Mitarbeitende zur Entwicklung bzw. zur Stärkung der Bewältigungskompetenzen haben einen hohen Wirkungsgrad. Notwendige Kompetenzen sind u. a. Selbstreflexion, die eigene Emotionswahrnehmung oder die Fähigkeit, konstruktiv auch mit negativen Gefühlen oder Stresssituationen umzugehen. Der Kompetenzerwerb der Mitarbeitenden führt zu einem besseren Umgang mit belastenden Situationen und damit zu einem gesundheitsfördernden Verhalten. Die Führungskräfte können gezielt in Schulungen diese Kompetenzen erwerben und diese nutzen, um geeignete Maßnahmen für die Mitarbeitenden abzuleiten. Wichtig hierbei ist, Anzeichen von Überforderung bei den Beschäftigten wahrzunehmen und zu reagieren.

Die Abb. 4.1 zeigt, welche weiteren Faktoren zu einer gesundheitskompetenten Führung gehören.

Entscheidungs- und Handlungsspielräume der Mitarbeitenden sind ein wesentlicher Faktor für ein gesundes Arbeitsumfeld. Führungskräfte sind aufgefordert hier Ziele und Vorgehensweise zur gemeinsamen Umsetzung, eine Überprüfung der Zielerreichung und die hierfür notwendige Unterstützung zu geben. Im Ergebnis kann eine gesunde Arbeitsorganisation erreicht werden. Zur gesundheitskompetenten Führung gehört gleichermaßen Wertschätzung sowie Kommunikation und Konfliktlösung. Diese Faktoren werden von Mitarbeitenden als Auslöser für gesundheitliche Dysbalancen angeführt, sodass hier ein hohes Potenzial zur Veränderung der Führung abzuleiten ist.

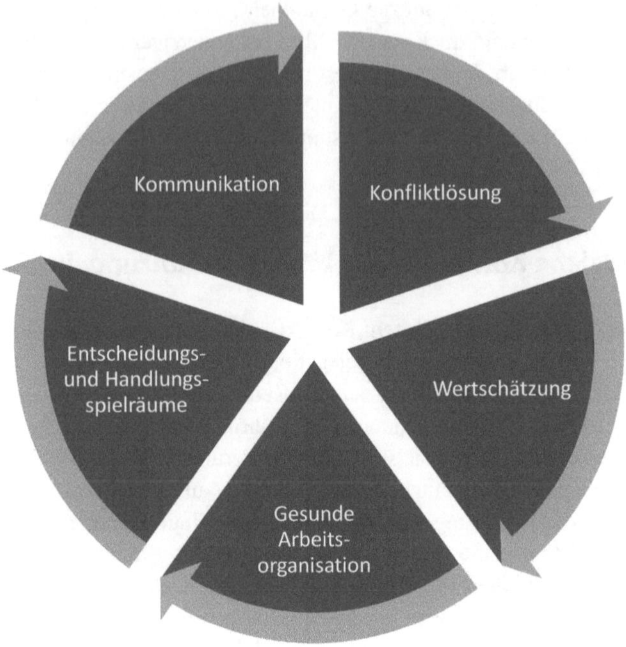

Abb. 4.1 Faktoren gesundheitskompetenter Führung. (Quelle: Eigene Darstellung)

Gesundheitskompetente Führung basiert auf folgenden Funktionen (Tab. 4.2).

Vor diesem Hintergrund stellt sich die Frage, welche Rolle Führungskräfte im Kontext eines modernen Verständnisses von Sicherheit und Gesundheit am Arbeitsplatz einnehmen und welche Kompetenzen dafür notwendig sind. Führungskräfte übernehmen sowohl aufgabenbezogene als auch personenbezogene Führungsaufgaben (Malik 2006; Mintzberg 1975; Sprenger 2012). Sie sind verantwortlich für die Steuerung des Unternehmens im Hinblick auf die Erreichung betrieblicher Ziele und tragen gleichzeitig eine Fürsorgepflicht gegenüber ihren Mitarbeitenden. Um diese Aufgaben erfolgreich zu bewältigen, benötigen sie fachlich-methodische, soziale und personale Kompetenzen.

Die steuernde und fürsorgliche Rolle von Führung ist auch im Hinblick auf Arbeitssicherheit und Gesundheitsschutz von Bedeutung (im Sinne des Arbeitsschutzgesetzes): Sie müssen die Arbeitsbedingungen beurteilen, diese so gestalten, dass sie sicher, gesund und menschenfreundlich sind, die Mitarbeitenden angemessen beteiligen und kontinuierlich an der Verbesserung von Sicherheit und Gesundheit am Arbeitsplatz arbeiten.

Tab. 4.2 Funktionen gesundheitskompetenter Führung

Funktion	Führung
Vorbildfunktion:	Führungskräfte agieren als Vorbilder für ihre Mitarbeitenden und spiegeln die Werte und Normen der Organisation wider und leben ethisches Verhalten, Integrität und Verlässlichkeit vor.
Visionär:	Eine Führungskraft entwickelt eine klare und inspirierende Vision für die Organisation, die verständlich kommuniziert wird, um die Mitarbeitenden zu motivieren, gemeinsam auf ein Ziel hinzuarbeiten. In Gesundheitseinrichtungen bedeutet das, eine klare Vorstellung von der zukünftigen Ausrichtung der Qualität und der Teamkultur zu haben und diese aktiv mitzugestalten.
Koordinator und Moderator:	Besonders in komplexen und stressigen Arbeitsumfeldern, wie Gesundheitseinrichtungen, fungieren Führungskräfte als Moderatoren und sind verantwortlich für die Lösung von Konflikten, die Förderung der Teamarbeit und die Sicherstellung einer konstruktiven Zusammenarbeit. Voraussetzung dafür sind organisatorische Fähigkeiten ebenso wie soziale Kompetenz, um die unterschiedlichen Interessen und Perspektiven der Mitarbeitenden zu berücksichtigen.
Mentor und Coach:	Führungskräfte nehmen häufig eine unterstützende Rolle ein, indem sie ihre Mitarbeitenden individuell fördern und deren Potenziale entwickeln. Gerade in belastenden Situationen bedeutet das, nicht nur fachliche Weiterentwicklung zu unterstützen, sondern auch als Coach bei persönlichen und beruflichen Fragen zur Seite zu stehen. Weiteres Ziel ist die Begleitung der Mitarbeitenden bei ihrer beruflichen Weiterentwicklung.

Quelle: Eigene Darstellung

Abb. 4.2 zeigt die für eine nachhaltige, gesundheitskompetente Führung benötigten Schlüsselkompetenzen.

Integrität und Selbstreflexion:

- Die Fähigkeit, die eigenen Werte, Einstellungen und Verhaltensweisen bewusst zu hinterfragen und zu reflektieren.
- Die Fähigkeit, Resilienz aufzubauen, um gut mit den Belastungen des Alltags und der Arbeit sowie mit Rückschlägen umzugehen.
- Die Fähigkeit, die eigenen Gefühle und Beweggründe sowie deren Einfluss auf andere zu erkennen, zu verstehen und entsprechend zu steuern.

Komplexitätstoleranz:

- Die Fähigkeit, Risiken einzugehen sowie Dilemmata und Widersprüche zu akzeptieren und daraus positive Impulse zu gewinnen.

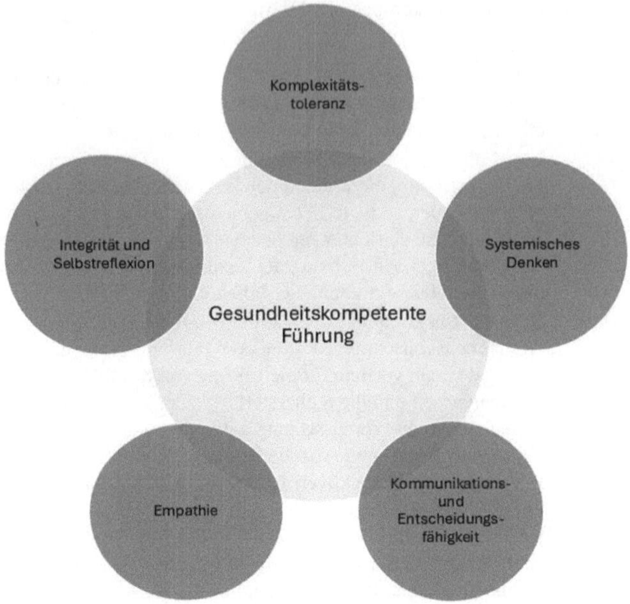

Abb. 4.2 Kompetenzen für die Umsetzung gesundheitskompetenter Führung. (Quelle: Eigene Darstellung)

- Die Fähigkeit, für Entscheidungs- und Konfliktsituationen proaktiv klare Rahmenbedingungen und Spielregeln zu entwickeln, um Spannungen möglichst frühzeitig zu steuern.

Kommunikations- und Entscheidungsfähigkeit:
- Die Fähigkeit, authentisch, transparent, gewaltfrei und sektorenübergreifend zu kommunizieren.
- Die Fähigkeit, ethisch fundierte Entscheidungen zu treffen, beispielsweise durch moralisches Urteilsvermögen und die Steuerung ethischer Diskurse.

Empathie:
- Die Fähigkeit, aufmerksam zuzuhören und sich in die Gedanken- und Gefühlswelt anderer Menschen einzufühlen.

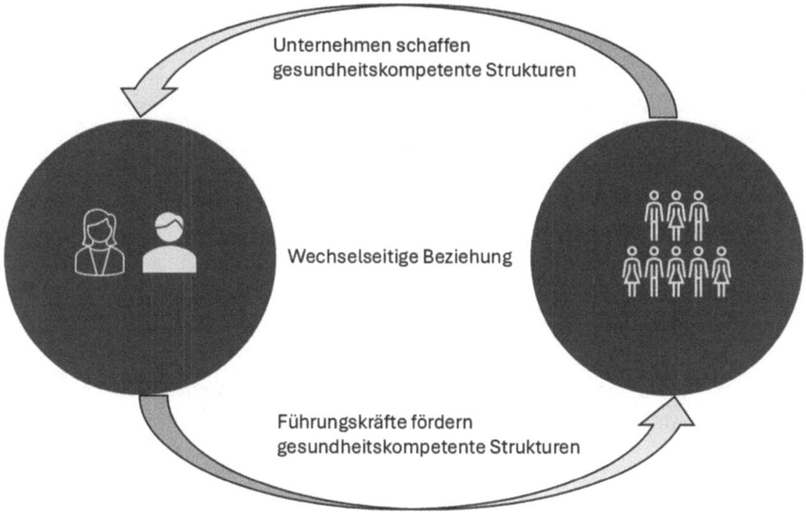

Abb. 4.3 Wechselseitige Beziehung zwischen Unternehmen und Führungskraft. (Quelle: Eigene Darstellung)

Systemisches Denken umfasst:

- Die Fähigkeit, größere Systeme und deren Wechselwirkungen zu erkennen und zu berücksichtigen.
- Die Fähigkeit, sich in die vielfältigen und manchmal widersprüchlichen Bedürfnisse von Menschen einzufühlen und durch Perspektivwechsel eigene Vorurteile zu hinterfragen.

Führungspersonen, die diese Kompetenzen mitbringen fördern die nachhaltige Umsetzung von gesundheitskompetenten Strukturen in den Unternehmen (Abb. 4.3).

4.3 Emotionale Intelligenz und Resilienz als Bausteine nachhaltiger Gesundheit

Emotionen entstehen entweder durch die aktuelle Bewertung einer emotional bedeutsamen Handlung, eines Ereignisses, einer Person oder durch die Wiederherstellung einer früheren emotionalen Bedeutung (Schmedes 2021, S. 38). Das Erleben von Emotionen führt zu Veränderungen in der Wahrnehmung, beispielsweise in den Gedanken, sowie zu körperlichen Reaktionen wie einer erhöhten Atemfrequenz oder einem beschleunigten Herzschlag. Zudem beeinflusst es das Verhalten, etwa indem Traurigkeit zum Weinen führt (Schmedes 2021, S. 38). Emotionen haben für den Menschen verschiedene Funktionen, die im Arbeitskontext von Bedeutung sind:

- Vorbereitung adaptiven Verhaltens (z. B. Weglaufen)
- Regulierung von Interaktionen
- Emotionsausdruck erlaubt anderen Rückschlüsse auf Handlungstendenzen
- Emotionen entkoppeln Reiz und Reaktion, geben Latenzzeit zur Neubewertung des Ereignisses und Folgenabschätzung des Verhaltens
- Erlauben Unwichtiges von Wichtigem zu trennen
- Subjektives Gefühl dient der Reflexion, dadurch kann man den Emotionsprozess regulieren und kontrollieren

Emotionen lassen sich unter verschiedenen Perspektiven betrachten: der subjektiven Ebene (Erlebnismitteilung aufgrund von Introspektion) der Verhaltensebene (Ausdrucksverhalten) und der physiologisch-biochemischen Ebene (zentrales und vegetatives Nervensystem, endokrines System). (Stangl 2021). Daher bestehen Emotionen aus verschiedenen Komponenten.

- Ein Ereignis und dessen Wahrnehmung sowie Bewertung
- Eine physiologische Reaktion
- Ein subjektives Gefühl
- Ein motorischer Ausdruck (Mimik, Stimme, Gestik) sowie
- eine Handlungstendenz

Zur Regulation von Emotionen im Arbeitskontext stehen verschiedene Strategien zur Verfügung, die im Folgenden vorgestellt werden. Die Arbeit im Pflegebereich ist durch eine Vielzahl von Faktoren geprägt, die auf organisatorischer, patientenbezogener und kultureller Ebene wirken. Diese Faktoren tragen dazu bei, dass der Pflegeberuf eine körperlich, emotional und psychisch anspruchsvolle Aufgabe darstellt.

Organisatorisch-administrative Faktoren
Hierzu zählen suboptimale Personal- und Dienstplanung, die insbesondere ältere oder weniger leistungsfähige Mitarbeitende betrifft und zur Überalterung der Teams sowie zu einer erhöhten Belastung jüngerer Mitarbeitender führt. Zudem tragen ineffiziente Arbeitsabläufe, hoher Patientendurchsatz und verkürzte Liege-

zeiten, insbesondere in der somatischen Versorgung, zu einer erhöhten physischen und psychischen Belastung der Mitarbeitenden bei. Umweltfaktoren wie permanente Lärmbelastung, ständige Erreichbarkeit sowie das Fehlen geeigneter Rückzugsräume (z. B. lärmgeschützte Arbeitsplätze und Pausenräume) stellen weitere signifikante Stressoren dar. Besonders Mitarbeitende im Schichtdienst sind von hoher physischer Beanspruchung durch die Arbeitszeitmodelle, einhergehend mit unregelmäßigen Arbeitszeiten und Schlafmangel, belastet.

Patientenbezogene Faktoren

Neben der emotionalen Belastung durch die Konfrontation mit komplexen Patientenschicksalen stellen erhöhtes Anspruchsdenken sowie respektloses Verhalten und verbale Aggressionen von Patient*innen und deren Angehörigen bedeutende psychische Belastungsfaktoren dar. Zudem kommen tätliche Angriffe durch Patient*innen mit psychiatrischen oder suchterkrankungsbedingten Verhaltensweisen vor. Der Umgang mit suizidalen Patient*innen stellt eine weitere große Herausforderung dar. Ergänzend ist die Pflege schwerkranker Patient*innen durch die hohe körperliche Beanspruchung gekennzeichnet.

Betriebskultur

Das Arbeitsumfeld im Gesundheitswesen ist durch wiederholte Belastungen gekennzeichnet, bei denen Mitarbeitende häufig mit Ärger, Aggressionen und Unzufriedenheit seitens der Patient*innen und deren Angehörigen konfrontiert sind und ihnen dennoch professionell und freundlich begegnen müssen. Viele Mitarbeitende empfinden subjektiv eine unzureichende Unterstützung durch ihre Vorgesetzten im Falle von Beschwerden. Trotz ihrer zentralen Rolle im Pflegeprozess erhalten sie häufig nur geringe Wertschätzung seitens der Klinikleitung oder der Patient*innen. Die Belastungen in diesem Arbeitsumfeld manifestieren sich auf vielfältige Weise. Kurzfristige Belastungen führen meist zu emotionalen Reaktionen wie Ärger, Wut, Gereiztheit, Ungeduld oder einem Verlust an Gelassenheit. Bei chronischer Belastung können sich psychische Symptome entwickeln, darunter Frustration, Unzufriedenheit mit der Arbeit, Müdigkeit, sozialer Rückzug sowie Motivationsverlust für Freizeitaktivitäten. Körperliche Beschwerden wie Sodbrennen, Schlafstörungen oder Rückenschmerzen sind ebenfalls häufige Folgen. Im Team kann kurzfristige Belastung zu veränderten Interaktionen führen, beispielsweise in Form eines unangemessenen Umgangstons. Trotz dieser Herausforderungen zeigen Teams in belastenden Situationen tendenziell einen hohen Zusammenhalt.

Diese Zusammenhänge unterstreichen die Bedeutung einer nachhaltigen Belastungsbewältigung und eines unterstützenden Teamklimas, um die Leistungsfähigkeit und das Wohlbefinden der Teammitglieder zu sichern.

Der Umgang mit Emotionen hat somit einen maßgeblichen Einfluss auf die Gesundheit von Mitarbeitenden. In diesem Zusammenhang spielt die Emotionale Intelligenz eine bedeutende Rolle.

Die Emotionale Intelligenz (EI) spielt eine bedeutende Rolle für die Gesundheit in der Arbeitswelt, da sie die Fähigkeit umfasst, eigene und fremde Emotionen wahrzunehmen, zu verstehen, zu regulieren und angemessen darauf zu reagieren. Die Fähigkeit eines Menschen seine Emotionen, d. h. seine Stimmungen, Gefühle und Bedürfnisse frühzeitig differenziert wahrzunehmen, d. h. nicht nur zu erkennen, sondern auch zu verstehen stellt eine Basiskompetenz dar und ist somit die Voraussetzung für den situationsangemessenen Umgang mit den eigenen Gefühlen. Ebenso gilt sie als Schlüsselkompetenz für alle weiteren Aspekte emotionaler Intelligenz.

Aber nicht immer ist es möglich eigene Gefühle zu erkennen und zu verstehen. Um den eigenen Gefühlen nicht ausgeliefert zu sein ist es wichtig, die eigene emotionale Kompetenz weiterzuentwickeln. Dazu ist es notwendig sowohl die eigene Wahrnehmung als auch das Verstehen der eigenen Gefühle zu verbessern. Wenn die negativen Gefühle zu spät erkannt werden, können sich nicht nur unkontrollierbare Situationen ergeben, sondern langfristig entstehen auch Krankheiten und Depressionen. Jedes Gefühl ist mit typischen körperlichen Mustern verbunden. Diese sind typische Zeichen, die helfen die eigenen Gefühle zu verstehen und auch wahrzunehmen.

Emotionale Intelligenz hat 2 Realitäten (Abb. 4.4). Einerseits die Wahrnehmung und den Umgang mit sich selbst und andererseits die Wahrnehmung und den Umgang mit Anderen.

Emotionale Intelligenz beschreibt daher einerseits das Selbstmanagement und die Selbsterfahrung und andererseits Kompetenzen und Fähigkeiten im Umgang mit anderen Menschen. (Goleman 1999)

▶ Emotionale Intelligenz ist „die Fähigkeit, unsere eigenen Gefühle und die anderer zu erkennen, uns selbst zu motivieren und gut mit Emotionen in uns selbst und in unseren Beziehungen umzugehen" (Goleman 2011, S. 387).

Sie kann in 5 Bereiche differenziert werden:

Selbstwahrnehmung = die eigenen Emotionen kennen
Selbststeuerung = Emotionen handhaben
Motivation = Emotionen in die Tat umsetzen
Empathie = Einfühlungsvermögen in andere
Soziale Kompetenz = Umgang mit Beziehungen

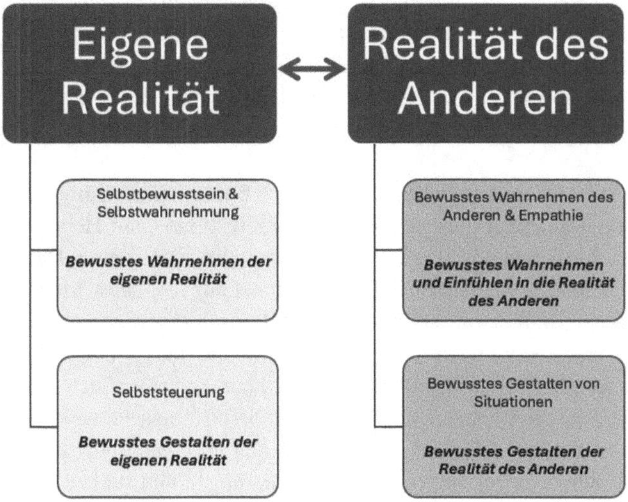

Abb. 4.4 Die zwei Realitäten emotionaler Intelligenz. (Quelle: Eigene Darstellung)

Ein Unternehmenserfolg hängt insbesondere von der Leistungsfähigkeit der Mitarbeitenden, deren Gesundheit und Kritikfähigkeit ab, sodass die emotionale Intelligenz besonders zu berücksichtigen ist.

Resilienz stellt die Fähigkeit dar, trotz belastender Umstände psychisch stabil zu bleiben und sich erfolgreich anzupassen Die Resilienz gegenüber emotionalen Belastungen kann als ein zentrales Konzept für Mitarbeitende im Gesundheitswesen betrachtet werden. Dabei wird angenommen, dass Individuen sowohl über angeborene Eigenschaften verfügen, die es ihnen ermöglichen, trotz schwieriger Umstände ihre Gesundheit zu erhalten, sowie auch die Möglichkeit besteht, diese Eigenschaften zumindest teilweise zu entwickeln oder zu erwerben.

Das körperliche und psychische Wohlbefinden des Gesundheitspersonals ist essenziell, um die Qualität der Patient*innen Versorgung sicherzustellen. Trotz dieser Erkenntnisse wird das Wohlergehen des Personals in vielen Gesundheitseinrichtungen bislang nur selten und als Priorität betrachtet. Angesichts des Zusammenhangs zwischen dem Wohlbefinden der Mitarbeitenden und der Qualität der Patientenversorgung sind gesundheitsförderliche Arbeitsbedingungen umzusetzen. Die Organisation einer Gesundheitseinrichtung ist eng mit der Belastung der Mitarbeitenden und der Qualität der Behandlung verknüpft. Da es im klinischen Alltag nicht realistisch ist, alle Stressfaktoren vollständig zu eliminieren, sollte die Optimierung der Arbeitsbedingungen vielmehr darauf abzielen, zu verstehen, welche Situationen Stress auslösen, welche dieser Faktoren beeinflussbar sind und welche nicht vollständig beseitigt werden können. Anschließend kann durch gezielte Maßnahmen, wie Schulungen, ein gesunder Umgang mit den unvermeidbaren Stressoren vermittelt werden (Sergeant und Laws-Chapman 2012).

Resilienz bildet einen weiteren wesentlichen Baustein nachhaltigen Gesundheit.

Resilienz bezeichnet die Fähigkeit eines Individuums, auf Herausforderungen des Lebens, wie Stress und Rückschläge, konstruktiv zu reagieren. Dabei ist zu beachten, dass jede Lebenssituation die Resilienzfähigkeit eines Menschen beeinflusst: Resilienz stellt somit keine statische Eigenschaft dar, sondern ist ein dynamischer Prozess, der sich im Laufe der Zeit und durch unterschiedliche Erfahrungen wandelt (Mauritz 2022). Er stellt heraus, dass es sich dabei um eine trainierbare Fähigkeit handelt und beschreibt sie als einen Prozess, in dem Menschen lernen, flexibel mit Stressoren umzugehen und dabei psychisch gesund zu bleiben. Gerade in Zeiten hoher Arbeitsanforderungen und starker Unsicherheiten bildet individuelle Resilienz einen entscheidenden Faktor für das persönliche Wohlbefinden und die Leistungsfähigkeit des Mitarbeitenden (Mauritz 2022). Für Führungskräfte, die durch eine breite Palette an Interessen, Fähigkeiten sowie vielfältigen Projekten und Aufgaben gekennzeichnet sind, kommt der Resilienz eine besondere Bedeutung zu. Eine hohe Resilienz befähigt sie dazu, die Vielzahl ihrer Aufgaben, Rollen und Ideen nicht nur erfolgreich zu bewältigen, sondern dabei auch gelassen und lebensfroh zu bleiben. Sie verhindert, dass die Vielzahl an Aktivitäten und die zunehmenden Lebensherausforderungen sie überwältigen.

Resiliente Führungspersönlichkeiten zeichnen sich insbesondere dadurch aus, dass sie in der Lage sind, Druck, Unsicherheiten sowie Rückschläge zu bewältigen, ohne ihre Leistungsfähigkeit oder ihre Führungsqualitäten zu beeinträchtigen.

Zentrale Komponenten der Resilienz in der Führung umfassen:

- **Akzeptanz und Realismus:** Resiliente Individuen nehmen die Realität stressbehafteter Situationen an, ohne in Verleugnung oder Vermeidung zu verfallen. Sie sind in der Lage, die Situation realistisch zu bewerten und zwischen controllable und uncontrollable Faktoren zu differenzieren.
- **Anpassungsfähigkeit:** Resiliente Führungskräfte zeigen eine hohe Flexibilität und Offenheit gegenüber Veränderungen sowie neuen Herangehensweisen, was eine schnelle Reaktion auf sich wandelnde Rahmenbedingungen ermöglicht.
- **Emotionale Intelligenz:** Eine ausgeprägte emotionale Intelligenz befähigt Führungspersonen, ihre eigenen Emotionen zu erkennen und zu regulieren sowie die emotionalen Zustände ihrer Teammitglieder wahrzunehmen und angemessen darauf zu reagieren. Dies fördert den konstruktiven Umgang mit Stress und Unsicherheiten.

- **Entscheidungsfähigkeit:** Resiliente Führungskräfte sind in der Lage, auch unter hoher Belastung fundierte Entscheidungen zu treffen, Prioritäten zu setzen und klare, zielgerichtete Maßnahmen zu ergreifen, um ihre Teams durch herausfordernde Situationen zu steuern.
- **Kommunikationskompetenz:** Effektive und transparente Kommunikation sind ein wesentliches Element resilienter Führung. Resiliente Führungspersönlichkeiten können ihre Vision und Erwartungen klar artikulieren und sind offen für einen konstruktiven Dialog mit ihren Teammitgliedern.

Diese Aspekte tragen dazu bei, die Widerstandsfähigkeit von Führungskräften in dynamischen und stressbehafteten Kontexten zu stärken und ihre Fähigkeit zur nachhaltigen Steuerung organisationaler Prozesse zu sichern.

Die Resilienz von Führungskräften und Mitarbeitenden bilden die Basis für die organisationale Resilienz.

Schlüsselfaktor für die Entwicklung organisationaler Resilienz ist die Führungskultur, die die gesamte Unternehmenskultur maßgeblich prägt. Gute Führung bietet Orientierung, stellt adäquate Arbeitsmittel bereit, fördert Stärken, anerkennt Leistungen, pflegt gute Beziehungen, unterstützt gegenseitig, ermöglicht Identifikation mit Zielen, fördert Kommunikation und persönliche Entwicklung. Sie schafft die Voraussetzungen, damit Individuen gemeinsam erfolgreich sein können – ein Kennzeichen resilienter Organisationen. Resilienzförderliche Führung achtet zudem darauf, dass Mitarbeitende ihr Wirken als kohärent erleben. Kohärenz bedeutet hier „Stimmigkeit“ in dem Sinne, dass Organisation und Aktivitäten als in sich stimmig und zur eigenen Person passend wahrgenommen werden.

Solche Führung sorgt für eine Balance zwischen „Work“ und „Life“, indem sie Ziele, Visionen, Werte, Regeln, Kompetenzen sowie Kooperations- und Kommunikationsverhalten aufeinander abstimmt. Sie etabliert eine kohärente Organisationskultur und trägt somit wesentlich zur Organisationsentwicklung bei, was die gemeinsame Anstrengung der Führungsebene erfordert. Resiliente Führung erweitert damit den Begriff „gute“ Führung um die Dimension der organisationalen Kohärenz.

Langanhaltende Belastungssituationen, die durch strukturelle Maßnahmen (z. B. Personalanpassungen) nicht mehr ausgeglichen werden können, beanspruchen die Resilienzpotenziale der Organisation. Solche Situationen treten derzeit vermehrt in Gesundheits- und Pflegeberufen auf.

Resiliente Mitarbeitende zeigen eine erhöhte Widerstandskraft gegenüber arbeitsbedingtem Stress und sind besser in der Lage, negative Emotionen zu bewältigen, was sich positiv auf ihre psychische und physische Gesundheit auswirkt.

Emotionale Kompetenzen, insbesondere die Fähigkeit zur Emotionsregulation, stellen zentrale Komponenten der Resilienz dar und sind somit direkt mit einer verbesserten Gesundheit verbunden. Die zunehmende Relevanz psychischer Belastungen am Arbeitsplatz gewinnt in der Arbeitswelt an Bedeutung. Insbesondere durch die Gemeinsame Deutsche Arbeitsschutzstrategie ist dieses Thema, das früher vor allem körperliche Gesundheitsgefahren fokussierte, heute auch im Kontext der psychischen Gesundheit verankert. Arbeitsschutz und Arbeitsmedizin sind daher aufgefordert, die seit langem bekannte Herausforderung der psychischen Belastungen in Betrieben und Einrichtungen, insbesondere im Gesundheitswesen, aktiv anzugehen. Angesichts der demografischen Veränderungen, wie der alternden Bevölkerung, sowie der Zunahme psychischer Erkrankungen im Gesundheitswesen, gewinnt das Wissen um Resilienz an essenzieller Bedeutung für die Beschäftigten. Es kann nicht nur dazu beitragen, die Qualität der Pflege und Behandlung für Patienten*Innen zu verbessern, sondern auch die psychische Gesundheit der Mitarbeitenden selbst zu schützen. Resilienzförderung eignet sich daher besonders, um die Anforderungen und Erwartungen an Arbeitsschutz und Arbeitsmedizin zu unterstützen. Die Fähigkeit, sich selbst unter schwierigen Bedingungen erfolgreich anzupassen und die eigene körperliche sowie psychische Gesundheit trotz widriger Umstände zu bewahren, ist in Gesundheitsberufen unerlässlich, angesichts der physischen und psychischen Herausforderungen, die diese Tätigkeiten mit sich bringen.

Auf emotionaler Ebene müssen Pflegende, Ärzt*innen sowie andere Fachkräfte im Gesundheitswesen eine Gratwanderung zwischen Empathie für z. B. traumatisierte Patient*innen und der Wahrung einer professionellen Distanz bewältigen. Zudem sind sie täglich mit emotional belastenden Situationen konfrontiert, etwa aggressivem Verhalten oder Suizidalität bei Patient*innen oder Angehörigen. Die zunehmend komplexen organisatorischen und politischen Rahmenbedingungen im Gesundheitswesen, wie der stetig steigende Dokumentationsaufwand, verkürzte Verweildauern, Arbeit unter extremem Zeitdruck sowie der Anspruch, mit immer weniger Ressourcen immer mehr zu leisten, verschärfen die Belastungssituation zusätzlich. Studien, wie. von Münch (2021) an der Universität Tübingen (2021), zeigen, dass Pflegende mit hoher Resilienz signifikant weniger anfällig für Burnout sind, seltener an psychischer Erschöpfung leiden und über eine bessere Fähigkeit verfügen, sich von stressigen Situationen zu erholen. Resilienz unterstützt sie dabei, negative Denkmuster oder Gefühle der Ohnmacht zu vermeiden, aktiv nach Lösungen zu suchen und konstruktiv mit den Herausforderungen ihres Berufs umzugehen.

Zudem sind resilientere Pflegende besser in der Lage, ihre Emotionen zu regulieren, Grenzen zu setzen und einen gesunden Umgang mit beruflichen Belastungen zu finden. Die Fähigkeit, schwierige Situationen zu akzeptieren und an ihnen zu wachsen, trägt nicht nur zu einer verbesserten Lebensqualität und Arbeitszufriedenheit bei, sondern wirkt sich auch positiv auf die Patientenversorgung aus. Resiliente Pflegende zeichnen sich durch eine höhere emotionale Stabilität aus, was ihnen ermöglicht, mehr Empathie und Geduld gegenüber ihren Patient*innen aufzubringen.

Praxishinweise zur Umsetzung bei Mitarbeitern 5

5.1 Gesundheitskompetente Führung braucht organisationale Rahmenbedingungen

Gesundheitskompetente Führung im Kontext von Nachhaltigkeit verbindet zwei zentrale Aspekte von Organisations- und Personalentwicklung: die Gesundheitskompetenz von Führungskräften und deren Rolle in der Förderung nachhaltiger Strukturen, insbesondere im Hinblick auf das Wohlbefinden von Mitarbeitenden, langfristige Unternehmensziele und gesellschaftliche Verantwortung.

Führungshandeln hängt im hohen Maße von den organisationalen Rahmenbedingungen ab, in denen die Führungskraft agiert. Zu diesen Rahmenbedingungen gehören unter anderem strukturelle Merkmale wie Unternehmensgröße, Branchenspezifika oder Personalentwicklungsprozesse. Darüber hinaus spielen das Organisationsklima sowie kulturelle Aspekte wie die Fehler- und Kommunikations-kultur eine zentrale Rolle. Die Rahmenbedingungen bestimmen die Handlungsmöglichkeiten von Führungskräften und beeinflussen Arbeitsbedingungen, Leistung, Gesundheit von Führungskräften und Beschäftigten sowie die Einflussmöglichkeiten der Mitarbeitenden, wobei gesundheitskompetente Führung eine zentrale Rolle bildet und Führungskräfte eine zentrale Zielgruppe bei der Förderung der Gesundheitskompetenz im Arbeitskontext darstellen. Betrachtet man Organisations- und Personalentwicklung ganzheitlich, so lassen sich gerade im betrieblichen Gesundheitsmanagement (BGM) folgende zentrale Aspekte zur Nachhaltigkeit herausstellen:

Langfristige Gesundheitsförderung: Ein nachhaltiges BGM zielt darauf ab, die Gesundheit der Mitarbeitenden dauerhaft zu verbessern und zu erhalten. Dies

C. von Reibnitz, *Nachhaltige Führung in Gesundheitseinrichtungen*, essentials, https://doi.org/10.1007/978-3-662-72659-4_5

fördert eine stabile und produktive Belegschaft, was langfristig dem Unternehmen und der Gesellschaft zugute kommt.

Ganzheitlicher Ansatz: Durch die Integration verschiedener Personalmanagement-Bereiche (z. B. Arbeitsumfeld, Work-Life-Balance, Weiterbildung) wird die Gesundheit in ihrer Gesamtheit betrachtet. Dies trägt dazu bei, nachhaltige Strukturen und Prozesse zu schaffen, die die Gesundheit kontinuierlich fördern.

Prävention und Ressourcenmanagement: Nachhaltigkeit im BGM bedeutet auch, präventive Maßnahmen einzusetzen, um Krankheiten und Burnout vorzubeugen. Dadurch werden Ressourcen geschont und die Belastung des Gesundheitssystems reduziert.

Unternehmenskultur und Werte: Ein nachhaltiges BGM fördert eine Unternehmenskultur, die Gesundheit, Wohlbefinden und Respekt in den Mittelpunkt stellt und stärkt die soziale Nachhaltigkeit sowie das Engagement der Mitarbeitenden.

Umwelt- und Sozialaspekte: Obwohl der Fokus primär auf der Gesundheit der Mitarbeitenden liegt, kann z. B. ein ganzheitlicher Personalmanagement-Ansatz auch Umwelt- und Sozialaspekte integrieren, z. B. durch nachhaltige Arbeitsbedingungen und soziale Verantwortung.

Insgesamt trägt ein modernes, ganzheitliches HR-Konzept im Rahmen des BGM dazu bei, nachhaltige Arbeitsplätze zu schaffen, die sowohl die Gesundheit der Mitarbeitenden fördern als auch die langfristige Wettbewerbsfähigkeit des Unternehmens sichern.

► Handlungsempfehlungen für die Führung

- Eine inspirierende und glaubhafte Zukunftsvision aufzeigen
- Vorbild sein durch Kongruenz
- Mitarbeitende individuell unterstützen
- Feedback-Kultur im Team aufbauen
- Anerkennung schenken
- Angstfreies und kreatives Arbeitsklima durch klare Kommunikation ermöglichen
- Konflikte konstruktiv lösen

Führungskräfte können lernen, gesundheitskompetente Maßnahmen und die dafür notwendigen Kompetenzen für ihre Mitarbeitenden umzusetzen, indem sie verschiedene Strategien und Ansätze verfolgen (Tab. 5.1). Diese können sein:

Tab. 5.1 Ansätze zur Kompetenzvermittlung – beispielhaft

Ansätze	Umsetzung
Bewusstseinsbildung und Weiterbildung	Führungskräfte sollten sich zunächst umfassend mit dem Thema nachhaltige Gesundheit beschäftigen. Das kann durch Schulungen, Workshops oder Seminare geschehen, in denen sie die Bedeutung von nachhaltigem Handeln für Unternehmen und Gesellschaft verstehen. Es ist wichtig, die eigenen Kenntnisse kontinuierlich zu erweitern, um authentisch und überzeugend voranzugehen.
Vorbildfunktion	Führungskräfte können Gesundheit vorleben, indem sie selbst nachhaltige Praktiken in ihrem Arbeitsalltag integrieren. Das schafft Glaubwürdigkeit und motiviert die Mitarbeitenden, ebenfalls nachhaltiger zu handeln.
Integration in die Unternehmenskultur	Nachhaltige Gesundheit sollte fest in die Unternehmenskultur eingebunden werden. Führungskräfte können dies fördern, indem sie klare Werte und Leitlinien formulieren, die nachhaltiges Verhalten unterstützen, und diese aktiv kommunizieren.
Kompetenzentwicklung bei Mitarbeitenden	Um nachhaltiges Gesundheitsverhalten zu fördern, ist es wichtig, die Mitarbeitenden entsprechend zu schulen. Führungskräfte können Weiterbildungsprogramme anbieten, in denen Kompetenzen wie Gesundheitskompetenz, persönliche Ressourcenschonung, soziale Verantwortung vermittelt werden.
Partizipation und Empowerment	Mitarbeitende sollten in Gesundheitsprojekte eingebunden werden. Führungskräfte können sie ermutigen, eigene Ideen einzubringen und Verantwortung zu übernehmen. Das stärkt das Engagement und fördert die Entwicklung nachhaltiger Kompetenzen.
Ziele setzen und messen	Es ist hilfreich, konkrete nachhaltige Gesundheitsziele zu definieren und den Fortschritt regelmäßig zu überprüfen. Führungskräfte können KPIs (Key Performance Indicators) entwickeln (z. B. Messung von Gesundheitsindikatoren, Teilnahme an betrieblicher Gesundheitsförderung usw., um den Erfolg nachhaltiger Maßnahmen sichtbar zu machen).
Kooperationen und Netzwerke	Der Austausch mit anderen Unternehmen, Organisationen oder Experten im Bereich Gesundheit und Nachhaltigkeit kann wertvolle Impulse liefern. Führungskräfte können Netzwerke nutzen, um Best Practices zu lernen und innovative Ansätze zu entwickeln. Hier sind auch die Krankenkassen ein wichtiger Stakeholder.
Langfristiges Denken fördern	Nachhaltige Gesundheit erfordert eine langfristige Perspektive. Führungskräfte sollten ihre Entscheidungen stets im Hinblick auf die zukünftigen Auswirkungen treffen und ihre Teams dazu ermutigen, ebenfalls langfristig zu denken.

Quelle: Eigene Darstellung

Führungskräfte lernen nachhaltige Gesundheit, indem sie sich weiterbilden, selbst als Vorbild agieren, die Unternehmenskultur nachhaltig ausrichten, ihre Mitarbeitenden schulen und aktiv in nachhaltige Projekte einbinden. Das erfordert Engagement, Offenheit für Neues und die Bereitschaft, kontinuierlich dazuzulernen und zu verbessern. Für die Implementierung nachhaltiger Führung eignen sich vor allem Lernkonzepte, die praktische Erfahrung, Reflexion, Austausch und kontinuierliches Lernen miteinander verbinden. So können Führungskräfte nicht nur Wissen erwerben, sondern auch ihre Haltung und ihr Verhalten nachhaltig ändern. Folgende Ansätze eignen sich für die Umsetzung und Anleitung.

▶ **Erfahrungsorientiertes Lernen (Experiential Learning):**
Dieses Konzept basiert auf dem Prinzip, durch praktische Erfahrungen zu lernen. Führungskräfte und Mitarbeitende setzen sich aktiv mit nachhaltigen Projekten auseinander, reflektieren ihre Erfahrungen und entwickeln daraus neues Verhalten. Workshops, Simulationen oder Projektarbeiten sind hier besonders effektiv.
Lernen durch Reflexion:
Regelmäßige Reflexionsphasen, in denen Führungskräfte ihre Entscheidungen und Handlungen im Hinblick auf nachhaltige Gesundheit hinterfragen, fördern ein tieferes Verständnis. Journaling, Feedbackgespräche oder moderierte Diskussionen unterstützen diesen Ansatz.
Mentoring und Coaching:
Individuelles Coaching oder Mentoring-Programme ermöglichen es Führungskräften, nachhaltig gesunde Führungsprinzipien gezielt zu erlernen und in der Praxis umzusetzen. Erfahrene Coaches können dabei helfen, nachhaltige Werte zu verinnerlichen und konkrete Handlungsschritte zu entwickeln.
Lernende Organisationen:
Dieses Konzept fördert eine Unternehmenskultur, in der kontinuierliches Lernen und Anpassung im Mittelpunkt stehen. Durch offene Kommunikation, Wissensaustausch und gemeinsames Lernen werden nachhaltige Führungspraktiken systematisch verankert.
Blended Learning:
Kombination aus Präsenzveranstaltungen, Online-Kursen und Selbststudium ermöglicht flexible und nachhaltige Weiterbildung. Themen wie betriebliches Gesundheitsmanagement, soziale Verantwortung

oder nachhaltige Transformation können so umfassend vermittelt werden.

Peer-Learning und Communities of Practice:
Der Austausch mit Gleichgesinnten innerhalb oder außerhalb des Unternehmens fördert das Lernen voneinander. Netzwerke oder Arbeitsgruppen, die sich regelmäßig treffen, um nachhaltige gesundheitsbezogene Führungsansätze zu diskutieren, sind hier sehr hilfreich.

Simulations- und Rollenspiele:
Durch realistische Szenarien können Führungskräfte nachhaltige Entscheidungen üben und ihre Kompetenzen in einem sicheren Rahmen entwickeln. Das fördert das Verständnis für komplexe Zusammenhänge und die Anwendung nachhaltiger Prinzipien.

Systemisches Lernen:
Dieses Konzept betrachtet Organisationen als komplexe Systeme. Führungskräfte lernen, die Wechselwirkungen zwischen ökologischen, sozialen und wirtschaftlichen Faktoren zu erkennen und nachhaltige Strategien für ein gesundes Unternehmen ganzheitlich zu entwickeln.

5.2 Wie kann nachhaltige Arbeitsfähigkeit umgesetzt werden?

Nachhaltigkeitsziele können nur umgesetzt werden, wenn Mitarbeitende entsprechende zielorientierte Beiträge zur Wertschöpfung im Unternehmen leisten. Dazu setzen sie ihre Arbeitskraft im Sinne des Unternehmens ein, die als begrenzt anzusehen ist. Investitionen in Gesundheit und Leistungsfähigkeit der Mitarbeitenden sind essenziell für die Erreichung von Nachhaltigkeitszielen.

Die Arbeitsfähigkeit ist getrennt von Leistungsfähigkeit und Beschäftigungsfähigkeit zu betrachten. Leistungsfähigkeit beschreibt allgemein die körperliche und psychische Funktionsfähigkeit. Im Arbeitskontext gehören dazu auch Fähigkeiten und Fertigkeiten, die für das Ausüben bestimmter Berufe nötig sind. Arbeitsfähigkeit ist dagegen immer in Zusammenhang mit der konkreten Arbeitssituation zu betrachten (Freude und Pech 2006). Arbeitsfähigkeit ist die Balance zwischen persönlichen Ressourcen der Mitarbeitenden und altersgerechten Arbeitsbedingungen, damit gestellte Aufgaben erfolgreich bewältigt werden können. Die Beschäftigungsfähigkeit einer Person hängt von den Bedingungen des Arbeitsmarktes ab, also davon, ob ihre Arbeitskraft nachgefragt wird. Leistungsfähigkeit ist ein integraler Bestandteil der Arbeitsfähigkeit, und die Arbeitsfähigkeit wiederum ist eine Voraussetzung für die Beschäftigungsfähigkeit. (Freude und Pech 2006; Ilmarinen und Tempel 2002). Abb. 5.1 zeigt, wodurch Arbeitsfähigkeit geprägt sein kann.

Leistung kann als Funktion von Fähigkeit, Motivation und Situation verstanden werden (Abb. 5.2). Sie entsteht nicht isoliert aus Können oder Wollen, sondern aus dem Zusammenspiel von Fähigkeit, Motivation und den situativen Rahmenbedingungen. Gesundheitsförderliche Arbeitsbedingungen sind ein zentraler Bestandteil dieser Umgebungsbedingungen, weil sie die Funktionsfähigkeit von Mitarbeitenden dauerhaft stärken und Ermüdung, Stress sowie Burnout reduzieren. In einem solchen Kontext entfalten sich Können und Wollen nachhaltiger, weil physische und psychische Ressourcen geschützt werden und die Umsetzung der Potenziale erleichtert wird.

Die Fähigkeiten eines Mitarbeitenden umfassen neben fachlichem Wissen (Ausbildung), Erfahrung und die Eignung, wie z. B. körperliche Verfassung, sensorische Wahrnehmung und mentale Belastbarkeit. Gesundheitsförderliche

Abb. 5.1 Prägende Faktoren der Arbeitsfähigkeit. (Quelle: Eigene Darstellung)

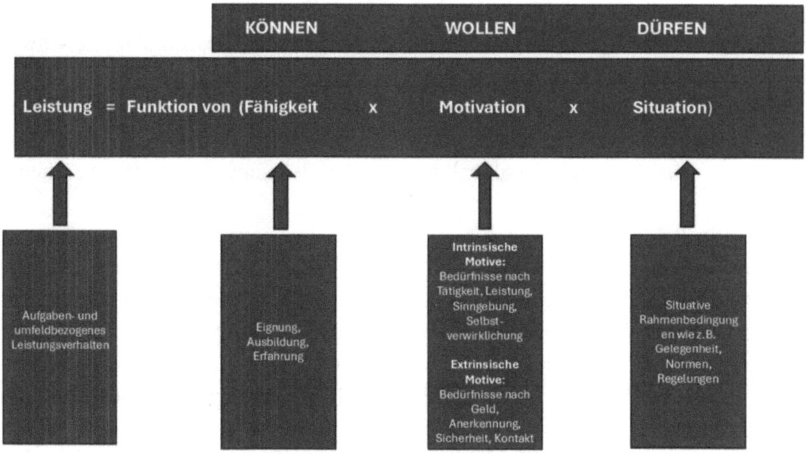

Abb. 5.2 Leistung als Funktion von Können, Wollen und Dürfen. (Quelle: Eigene Darstellung nach Lohaus 2009, S. 7)

Arbeitsbedingungen tragen dazu bei, diese Fähigkeiten zu erhalten oder weiterzuentwickeln, zum Beispiel durch ergonomische Arbeitsmittel, angemessene Lastenverteilung, Pausenregelungen, kurze Wege und klare Aufgabenprozesse. Wenn der Arbeitsalltag die Gesundheit nicht gefährdet, können Mitarbeitende ihr Wissen und Können konsistent einsetzen. Motivation wird stark von einer Arbeitsumgebung geprägt, die Belastungen reduziert und Sinn, Wertschätzung sowie Sinnhaftigkeit sichtbar macht. Gesundheitsschutz- und Präventionsmaßnahmen signalisieren Wertschätzung, fördern Sicherheit und geben Orientierung. Gleichzeitig bleiben Ressourcen wie ausreichende Pausen, flexible Gestaltungsmöglichkeiten und partizipative Mitbestimmung zentrale Treiber intrinsischer Motivation. Wenn Mitarbeitende sich gehört und geschützt fühlen, steigt ihre Bereitschaft, Anstrengung zu investieren und langfristig an Zielen festzuhalten. Situative Bedingungen umfassen zeitliche Rahmenbedingungen, Ressourcenverfügbarkeit, soziale Unterstützung und organisatorische Strukturen. Gesundheitsförderliche Bedingungen bedeuten hier: ausreichende Personaldecke, gerechte Arbeitsbelastung, Zugang zu Gesundheitsangeboten, Ruhephasen, Anpassung der Arbeitszeiten bei individuellen Bedürfnissen und ein sicherer Arbeitsplatz. Solche Rahmenbedingungen ermöglichen es, Fähigkeiten gezielt einzusetzen und motiviert zu bleiben, ohne gesundheitliche Risiken einzugehen.

Folglich lässt sich Leistung als Produkt aus Fähigkeit, Motivation und gesundheitsförderlichen Gegebenheiten verstehen. Wenn einer dieser Faktoren schwächelt, sinkt die Leistungsfähigkeit, doch durch stabile, gesundheitsbewusste Arbeitsbedingungen lassen sich alle drei Dimensionen effektiv unterstützen. Veränderungen in einer Dimension greifen unmittelbar in das Gesamtsystem ein, insbesondere wenn Gesundheitsschutz integrativer Bestandteil der Unternehmenskultur ist.

Um Arbeitsfähigkeit nachhaltig zu erhalten, sind neue Konzepte der Zusammenarbeit zwischen Vorgesetzten und Mitarbeitenden in den Bereichen Gesundheit, Kompetenz, Werthaltungen sowie Arbeit und Arbeitsorganisation erforderlich, damit Kompetenzen und Arbeit unmittelbar und besser als bisher zusammenwirken können. Erwiesen ist, dass sich im Laufe des Arbeitslebens die Qualitäten und Stärken von Mitarbeitenden verändern. Aktives Altersmanagement sollte nicht erst bei den älteren Mitarbeitenden beginnen, sondern bereits bei den jüngeren. Mit zunehmendem Alter nimmt die Fähigkeit von Menschen, Arbeitsaufgaben zu bewältigen, in gewissen Bereichen ab, in anderen aber zu. Immer wieder zeigt sich, dass eine wesentliche Stärke der Älteren ihr Wissen und ihre Erfahrung ist. Es wird Unternehmen zunehmend bewusst, dass es wichtig ist, zeitgerecht auf dieses Wissen zu achten. In einigen Firmen werden daher bereits Ältere als Mentoren*innen der Jüngeren eingesetzt, um Wissensweitergabe zu gewährleisten.

Die Umsetzung von Nachhaltigkeit auf Ebene der Mitarbeitenden erfordert ein Umdenken darüber, was „Arbeits- und Leistungsfähigkeit" in einer Gesundheitseinrichtung bedeutet. Hilfreich für einen geplanten und systematischen Paradigmenwechsel in der Betrachtung von Arbeits- und Beschäftigungsfähigkeit, wie z. B. durch eine flexible und moderne Arbeitsorganisation. Mitarbeitende sollten Wahlmöglichkeiten hinsichtlich ihrer Arbeitszeit haben, denn diese stellt einen der wichtigsten Einflussfaktoren auf das psychosoziale Wohlbefinden dar. Die Möglichkeiten reichen vom Anbieten von Teilzeitstellen bis zu flexiblen Lösungen, bei denen Mitarbeitende eine gewisse Stundenanzahl pro Woche individuell festlegen können oder eine Stelle auf mehrere Personen aufgeteilt wird. Neben der Arbeitszeit spielt insbesondere die Arbeitsautonomie (Entscheidungskompetenz im eigenen Arbeitsbereich) eine wichtige Rolle für den Erhalt der Arbeitsmotivation.

5.3 Gesundheitsförderliche Arbeitsstrukturen schaffen

Gesundheit fördern stellt eine zentrale Unternehmensaufgabe dar (von Reibnitz und Sonntag 2019). Die Gewinnung, Bindung und Gesunderhaltung von Mitarbeitenden ist eine zentrale Herausforderung für Gesundheitsunternehmen. Umso wichtiger ist es, dass die Mitarbeiterfluktuation gering ist sowie eine im Durchschnitt älter werdende Belegschaft gesund und arbeitsfähig bleibt. Arbeitsfähigkeit und Motivation hängen eng mit gesundheitsförderlichen Arbeitsstrukturen zusammen.

Nachhaltige Gesundheitsförderung in Unternehmen basiert auf drei zentralen Strategien:

- Anwaltschaft für Gesundheit („advocacy“) bedeutet das aktive Eintreten für Gesundheit durch das Einwirken auf die die Gesundheit beeinflussenden Faktoren wie politische, ökonomische, soziale, kulturelle, biologische sowie Umwelt- und Verhaltensfaktoren
- Befähigen und Ermöglichen („enable“), wie Kompetenzförderung und Empowerment, mit dem Ziel, bestehende Unterschiede des Gesundheitszustandes zu verringern und selbstständig das größtmögliche Gesundheitspotenzial zu verwirklichen
- Vermitteln und Vernetzen („mediate“) meint die aktive und dauerhafte Kooperation mit allen Akteuren innerhalb und außerhalb des Gesundheitswesens

In Zusammenhang mit Konzepten zur nachhaltigen Gesundheitsförderung ist eine Definition zweckmäßig und hilfreich, die Gesundheit als Kompetenz und Befähigung zu einer aktiven Lebensbewältigung beschreibt. Antonovsky betrachtet Gesundheit als mehrdimensionales Konstrukt aus körperlichem Wohlbefinden, psychischem Wohlbefinden, Leistungsfähigkeit und erlebter Sinnhaftigkeit der verrichteten Arbeit (Antonovsky 1997, S. 22). Gesundheit ist nicht nur abhängig von vorhandenen Belastungen, sondern auch von der Art des Umgangs mit diesen Belastungen. Persönliche Gesundheitspotenziale werden nicht nur gestärkt durch Angebote zur Ernährung und Bewegung oder Raucherentwöhnung, sondern auch durch Anerkennung und Förderung der fachlichen und sozialen Kompetenz. Gesundheitsförderung setzt am Menschen und an seiner Umwelt an: am Menschen z. B. durch persönlichkeitsfördernde Qualifizierung und qualifizierte Gesundheitsinformationen und Beratung, an seiner Lebenswelt Arbeit z. B. durch Förderung gegenseitiger Unterstützung, Erweiterung von Handlungsspielräumen und menschengerechter Gestaltung von Arbeitsbedingungen und Arbeitsabläufen.

Die Betriebliche Gesundheitsförderung (BGF) wird oft mit dem Betrieblichen Gesundheitsmanagement (BGM) gleichgesetzt. Hier besteht allerdings ein großer Unterschied. Die betriebliche Gesundheitsförderung umfasst alle gemeinsamen Maßnahmen von Arbeitgebern, Arbeitnehmern und Gesellschaft zur Verbesserung von Gesundheit und Wohlbefinden am Arbeitsplatz (Tempelmann et al. 2019)

Hintergrundinformation
Betriebliches Gesundheitsmanagement (BGM) stellt eine bewusste Steuerung und Integration aller betrieblichen Prozesse in Gesundheitseinrichtungen dar, die auf die Erhaltung und Förderung der Gesundheit und des Wohlbefindens der Beschäftigten fokussiert sind (Walter und Badura 2018).

Die betriebliche Gesundheitsförderung ist ein operativer Kernaspekt des betrieblichen Gesundheitsmanagements (Petzi und Kattwinkel 2016).

Maßnahmen zur Gesundheitsförderung führen dann zu einem nachhaltigen Erfolg, wenn diese in einen ganzheitlichen Ansatz umgesetzt werden, der sich auf das gesamte Unternehmen bezieht. Das bedeutet die betriebliche Gesundheitsförderung ist ein zentrales Element des betrieblichen Gesundheitsmanagement. BGM ist die bewusste Steuerung und Integration aller betrieblichen Prozesse mit dem Ziel der Erhaltung und Förderung der Gesundheit und des Wohlbefindens der Beschäftigten.

Als Säule des betrieblichen Gesundheitsmanagements gleichen die Ziele der betrieblichen Gesundheitsförderung denen des BGM (Rimser 2014). Deren Hauptziel liegt in der Schaffung einer gesunden Unternehmenskultur (v. Reibnitz und Sonntag 2019). Branchenunabhängig werden gesundheitsschädigende Belastungen vermieden sowie Mitarbeiter zu einem gesundheitsbewussten Verhalten befähigt. Darüber hinaus ergeben sich weitere Ziele des betrieblichen Gesundheitsmanagements. Zu diesen gehören (Schmidt et al. 2005):

- Gesundheit sowie die aktive Lebensführung stärken
- Arbeitsfähigkeit erhalten und schaffen
- Arbeitsbedingungen und -organisation optimieren
- Wohlbefinden und Motivation am Arbeitsplatz erhöhen
- Bindung an das Unternehmen steigern
- Qualifikationen sowie Kompetenzen erhalten und fördern
- Wiedereingliederung nach Krankheit unterstützen und stärken

Zur Zielerreichung bedarf es der Steigerung bereitgestellter Ressourcen zur Erweiterung des Gesundheitspotenzials der Beschäftigten (v. Reibnitz und Sonntag 2019). Nicht krankheitsspezifische Risiken werden minimiert. Es werden individuelle Widerstandskräfte im Sinne der Gesundheitsprävention der Beschäftigten gestärkt. BGM beschreibt zum einen die zielgerichtete Planung und Steuerung aller gesundheitsbezogenen Aktivitäten einer Organisation als Managementaufgabe und zum anderen den strukturellen Rahmen für das institutionelle Dach über alle Einrichtungen, die für die operative Umsetzung der betrieblichen Gesundheitspolitik zuständig sind.

Das BGM setzt somit auf **3 Ebenen** an.

Person

Hier geht es um das Bestreben nach Erhalten und Fördern der Handlungskompetenz, der körperlichen und geistigen Gesundheit, des Wohlbefindens einschließlich der Arbeitszufriedenheit, des Gesundheitsbewusstseins und des Gesundheitsverhaltens. Dies gilt besonders für die Pflegekräfte.

Arbeitssituation

Die Arbeitssituation wird durch die Arbeitsaufgaben und -bedingungen bestimmt. Diese müssen so gestaltet sein, dass sie Gesundheit und Handlungskompetenz erhalten und fördern.

Organisation

Die Organisation ist maßgebend durch die entsprechenden Strukturen und die Kultur geprägt. Gesundheit wird als Wert, Norm und Ziel der Organisation verstanden. Gesundheit ist integrativer Bestandteil der Organisationsgestaltung und -entwicklung und wird so von den Beschäftigten wahrgenommen, erlebt und gelebt. Das Hauptziel des BGM fokussiert auf das gesunde Unternehmen, welches sich durch gesunde Mitarbeitende, gesunde und sichere Arbeit sowie eine gesunde Umwelt auszeichnet.

Ein weiteres wichtiges Ziel ist die Vorbeugung gesundheitlicher Risiken am Arbeitsplatz, Analyse betrieblicher Ursachen von Gesundheitsbeeinträchtigungen sowie deren Beseitigung. Dies führt zu ökonomischen und qualitativen Verbesserungen im Unternehmen. Die Förderung von Wohlbefinden und Gesundheit der Beschäftigten korreliert mit ihrer Leistungsfähigkeit. Gesundheitsgerechte und persönlichkeitsförderliche Arbeitsbedingungen sollen dazu beitragen, die Gesundheitssituation der Beschäftigten zu verbessern und die Arbeitszufriedenheit zu steigern (Tab. 5.2). Im Zentrum steht dabei die Ressourcen der Mitarbeitenden zu stärken sowie ihre Gesundheitspotenziale zu erweitern.

► Folgende Maßnahmen lassen sich für betriebliche Gesundheitsförderung nennen:
Gestaltung der Arbeit: Zu diesem Bereich zählen ergonomische Gestaltung, Arbeitsorganisation und soziale Arbeitsgestaltung.
Personalmanagement: Unter diesem Aspekt werden Führungskräftetraining, Kompetenztraining und Stressbewältigungstraining subsumiert.
Information und Kommunikation: In diese Kategorie fallen Mitarbeitergespräche, Arbeitskreis, aber auch Beratung bei verschiedenen gesundheitsbezogenen Themen.

Beteiligung der Mitarbeitenden: Hierzu zählen Befragungen ebenso wie Ideen- und Beschwerdemanagement sowie Gesundheitszirkel.
Medizinische und psychosoziale Betreuung: wesentliche Aspekte sind Früherkennung und Gesundheitsbeurteilungen.
Gesundheitsprogramme und -aktivitäten: Dies sind befristete Programme zur Förderung der körperlichen und psychosozialen Gesundheit, wie beispielsweise Ernährungswochen.

Hinsichtlich der Arbeitsplatzgestaltung spielen systematisches betriebliches Gesundheits-management, der allgemeine Arbeitsschutz, die Berücksichtigung von Ergonomie und die Kompensation der Abnahme von körperlichen Fähigkeiten und Sinnesfunktionen z. B. durch Beleuchtung und größere Schrift wichtige Rollen.

Ein Instrument zum Erhalt von Motivation und Lernbereitschaft ist Job Rotation – also der Wechsel des Arbeitsbereichs innerhalb der Organisation. Wichtig ist aber auch die Entwicklung neuer Karrieremodelle, um möglichst vielen Mitarbeitenden attraktive Entwicklungschancen bieten zu können: Insbesondere geht es um die Aufwertung von Fachlaufbahnen neben hierarchischen Karrieren – in der Pflege z. B. durch Schaffung von Pflegekompetenzzentren (derzeit gibt es nur zwei Karrieremodelle: Leitung oder Lehre) oder durch Schaffen neuer Aufgabenfelder und Rollen wie Projektarbeit, Arbeitskreise, Beratung, Mentorentätigkeit, Praxisanleitung, administrative Aufgaben.

Der Personalentwicklung kommt für die Entwicklung nachhaltiger Unternehmen eine zentrale Verantwortung zu. Um diese übernehmen zu können, ist die weitere Professionalisierung dieses Bereichs in Gesundheitseinrichtungen notwendig.

Tab. 5.2 Effekte von betrieblichem Gesundheitsmanagement

Aus Unternehmenssicht	Aus Mitarbeitendensicht
Produktivitätssteigerung und stärkere Orientierung an Patient*innen Senkung von Krankenständen und somit von Personalkosten Erhaltung und Steigerung der Arbeits- und Leistungsfähigkeit Verbesserung von Kommunikationsstrukturen Stärkung der Eigenverantwortung der Beschäftigten	Reduzierung von Stress Verbesserter Umgang mit erhöhter Arbeitsbelastung Erhöhung der Arbeitszufriedenheit Verringerung der gesundheitlichen Beschwerden Stärkung von Gesundheitsbewusstsein und -kompetenz Steigerung des Wohlbefindens Gesünderes Verhalten im Beruf und in der Freizeit

Quelle: Eigene Darstellung

Was Sie aus diesem *essential* mitnehmen können

- Das Gesundheitswesen braucht einen Paradigmenwechsel zu nachhaltiger Transformation, um langfristig stabile und zukunftsgerechte Organisationen zu schaffen.
- Nachhaltigkeit in Führung bedeutet ökologische, ökonomische und soziale Ziele systemisch zu integrieren und langfristige Resilienz zu fokussieren.
- Erfolgreiche nachhaltige Transformation erfordert kompetente Führung, ausreichende Ressourcen und die Verteilung von Verantwortung für Nachhaltigkeit im gesamten Unternehmen.
- Führungsverhalten beeinflusst Gesundheit am Arbeitsplatz maßgeblich; gesundheits-orientierte Führung ist notwendig, aber oft fehlt das passende Wissen und strategische Ansätze.
- Resilienz bei Führungskräften und Mitarbeitenden ist entscheidend, um mit dynamischen Anforderungen umzugehen und Leistungsfähigkeit in Gesundheitseinrichtungen dauerhaft zu sichern.

C. von Reibnitz, *Nachhaltige Führung in Gesundheitseinrichtungen*, essentials, https://doi.org/10.1007/978-3-662-72659-4

Literatur

Antonovsky, A. (1997). Salutogenese. Tübingen: DGVT-Verlag

Avolio, B. J. and Bass, B. M. (1995) Individual Consideration Viewed at Multiple Levels of Analysis: A Multi-Level Framework for Examining the Diffusion of Transformational Leadership. Leadership Quarterly, 6, 199–218. https://doi.org/10.1016/1048-9843(95)90035-7

Bass, B. M. (1985). Leadership and Performance beyond Expectations. Free Press; Collier Macmillan.

Bleicher, K. (1994): Leitbilder, Orientierungsrahmen für eine integrative Managementphilosophie, 2. Auflage, Stuttgart u. a. Zürich, Schäffer-Poeschel

Bock, L. & Rana, M. (2023). Spieglein, Spieglein: Wo gesunde Führung anfängt. Wirtschaftspsychologie aktuell. 10/2023. https://wirtschaftspsychologie-aktuell.de/magazin/spieglein-spieglein-wo-gesunde-fuehrung-anfaengt

Boerner, S., Huettermann, H., Reinwald, M. (2017). Effektive Führung heterogener Teams: Wie kann das Erfolgspotential von Diversity genutzt werden? (Effective Leadership for diverse Teams: How to Realize the Performance Potentials of Diversity?). Gruppe. Interaktion. Organisation. Zeitschrift für Angewandte Organisationspsychologie (GIO), 48 (1), 41–51.

Böhme, R. (2019): Resilienz. Die psychische Widerstandskraft. – München: C. H. Beck. – https://doi.org/10.17104/9783406739576.

Cedefop (Hg.) (2022). Work-based learning and the green transition. Cedefop; OECD, ILO, ETF, UNE-SCO. Luxembourg.

Drath, K. (2016). Resilienz in der Unternehmensführung: Wie Führungskräfte sich und andere durch Unsicherheit und Komplexität navigieren. Freiburg, München, Stuttgart: Haufe Gruppe.

C. von Reibnitz, *Nachhaltige Führung in Gesundheitseinrichtungen*, essentials, https://doi.org/10.1007/978-3-662-72659-4

Esslinger, A., Anli-Berk, S. & Heyden, B. (2022). Transformationale Führung als Ausdruck gesunden Führens: Motor für eine gelungene gesundheitsförderliche Organisationsentwicklung. In R. Hajji, K. Kitze & N. Pieck (Hrsg.), Gesundheitsfördernde Organisationsentwicklung: Theorien, Ergebnisse und Ansätze (S. 201–215). Springer Verlag. https://doi.org/10.1007/978-3-658-35603-3

Europäische Kommission (2021). Mitteilung der Kommission an das europäische Parlament, den Rat, den europäischen Wirtschafts- und Sozialausschuss und den Ausschuss der Regionen Empty. Aktionsplan zur europäischen Säule sozialer Rechte. https://eur-lex.europa.eu/legal-ontent/DE/TXT/HTML/?uri=CELEX:52021DC0102

Freude, G., Pech, E. (2006): Demografischer Wandel, Gesundheit und Arbeitsfähigkeit. In: Kerschbaumer J., Schroeder W. (Hrsg.): Sozialstaat und demographischer Wandel, Herausforderungen für Arbeitsmarkt und Sozialversicherung, S. 185–222. Wiesbaden, VS Verlag.

Furtner, M., Baldegger, U. (2023). Self-Leadership und Führung. In: Self-Leadership und Führung. Springer Gabler, Wiesbaden

Fusco, A. (2021) Transformationale Führung und die psychische Gesundheit der Mitarbeitenden. Journal Psychologie des Alltagshandelns 14, 1, 5–8

Goleman, D. (2008). Soziale Intelligenz. Knaur

Goleman, D. (2011). EQ – Emotionale Intelligenz (22. Aufl.). München: Deutscher Taschenbuch Verlag.

Goleman, D. (2020). Emotional Intelligence: Why It Can Matter More Than IQ. (Neuauflage)

Hahn, T., & Kuhnen, U. (2021). Sustainable Healthcare: Integrating the Triple Bottom Line Approach. Journal of Health Management, 23(2), 123–135.

Hartmann, J., & Moeller, S. (2014). Chain liability in multitier supply chains? Responsibility attributions for unsustainable supplier behavior. *Journal of Operations Management*, 32(5), 281–294.

Heller, J. (2019). Resilienz: 7 Schlüssel für mehr innere Stärke. Wiesbaden: Springer Gabler.

Hofstede, Geert; Hofstede, Gert Jan (2009): Lokales Denken, globales Handeln: Interkulturelle Zusammenarbeit und globales Management. 4. Aufl., München: Beck/DTV, 2009

Ilmarinen, J., Tempel, J. (2002): Arbeitsfähigkeit 2010, Was können wir tun, damit Sie gesund bleiben? Hamburg, VSA Verlag.

International Standards Office, 2017. ISO 22316:2017 – Security and resilience – Organizational resilience – Principles and attributes. Verfügbar auf: https://www.iso.org/standard/50053.html

Koo, B., Yu, J., Chua, B. L., Lee, S. & Han, H. (2019). Relationships among emotional and material rewards, job satisfaction, burnout, affective commitment, job performance, and turnover intention in the hotel industry. Journal of Quality Assurance in Hospitality & Tourism, 21(4), 371–401.

Kortmann, O. (2016). 30 Minuten. Gabal Verlag GmbH.

Lohaus, D. (2009): Leistungsbeurteilung. Göttingen: Hogrefe

Luthans, F., & Youssef-Morgan, C. M. (2021). Psychological Capital and Resilience: A New Approach to Employee Well-Being. In: Journal of Organizational Behavior, 42(2), 123–139.

Malik, Fredmund. 2006. Führen Leisten Leben. Frankfurt a. M.: Campus.

Mauritz, S. (2022). Resilienz – Das Geheimnis der inneren Stärke: Wie Sie Krisen bewältigen und gestärkt daraus hervorgehen. Kröning: Asanger.
Mintzberg, Henry. 1975. The manager's job: Folklore and fact, 49–61. Boston: Harvard Business Review.
Montano, D., Reeske, A., Franke, F. & Hüffmeier, J. (2017) Leadership, followers' mental health and job performance in organizations: A comprehensive meta-analysis from an occupational health perspective. Journal of Organizational Behavior 38, 327–350
Müllner, M., Müllner, C. (2021). Wirkungsvoll führen. In: Emotional intelligent führen. Springer Gabler, Wiesbaden. https://doi.org/10.1007/978-3-658-33219-8_5
Münch, N. (2021): Wenn Pflege krank macht: wie kann Resilienz-Förderung helfen? Universität Tübingen- online. https://uni-tuebingen.de/forschung/zentren-und-institute/internationales-zentrum-fuer-ethik-in-den-wissenschaften/publikationen/bedenkzeiten-bibliothek/weitere-blog-artikel/wenn-pflege-krank-macht-wie-kann-resilienz-foerderung-helfen/ Letzte Einsichtnahme 27.08.2025.
Negt, P. (2023). Eine systematische Übersicht und Meta-Analyse zum Zusammenhang von destruktiver Führung und der psychischen Gesundheit Beschäftigter. Zeitschrift für Arbeitswissenschaft. 77. https://doi.org/10.1007/s41449-023-00372-8.
Northouse, P. G. (2019). Leadership: Theory & Practice. Thousand Oaks, CA: SAGE.
Petzi, M., & Kattwinkel, S. (2016). Das Gesunde Unternehmen zwischen Utopie und Dystopie. Wiesbaden: Springer Fachmedien Wiesbaden.
Pelz, W. (2013). Auf die Probe gestellt. Personalmagazin, 36–38
Rimser, M. (2014). Generation Resource Management. Wiesbaden: Springer Fachmedien Wiesbaden.
Rönnau-Böse, M., Fröhlich-Gildhoff, K., Bengel, J. & Lyssenko, L. (2022). Resilienz und Schutzfaktoren. In: Bundeszentrale für gesundheitliche Aufklärung (BZgA) (Hrsg.). Leitbegriffe der Gesundheitsförderung und Prävention. Glossar zu Konzepten, Strategien und Methoden. https://doi.org/10.17623/BZGA:Q4-i101-2.0
Schein, Edgar H. (1984): Coming to a New Awareness of Organizational Culture , Sloan Management Review, 25:2:3
Schein, Edgar H. (1995): Unternehmenskultur: Ein Handbuch für Führungskräfte. Frankfurt a. M.: Campus, 1995
Schein, Edgar H. (2004): Organizational Culture and Leadership. 3. Aufl., San Francisco: Jossey-Bass, 2004
Schlicht, J., Hiestand, S. & Gießler, W. (2023): Nachhaltigkeitsverständnis in der beruflichen Pflegebildung. In: Hiestand, Stefanie (Hg.) (2023). Beruflichkeit – Interaktionsarbeit – Kompetenz: Impulse für eine kompetenzorientierte Interaktionsarbeit in der Pflege (1. Aufl.). Bielefeld: wbv Publikation. https://doi.org/10.3278/9783763974344
Schmedes, C. (2021). Emotionsarbeit in der Pflege. Beitrag zur Diskussion über die psychische Gesundheit Pflegender in der stationären Altenpflege. Wiesbaden: Springer.
Schmidt, R., Müller, M., Bühren, S., Neubert, N., Malinka, J., Sakris, J., & Kraußlach, H. (2005). Praxisleitfaden zur Einführung eines Betrieblichen Gesundheitsmanagements. Jena: Verlag Ernst-Abbe-Hochschule Jena.
Sergeant, J. & Laws-Chapman, C. (2012). Creating a positive workplace culture. Nursing management (Harrow, London, England: 1994). 18. 14–9. https://doi.org/10.7748/nm2012.02.18.9.14.c8889.

Southwick, S. M., et al. (2014). Resilience and Mental Health: Challenges Across the Lifespan. Cambridge University Press

Sprenger, Reinhard K. 2012. Radikal Führen. Frankfurt a. M.: Campus

Stangl, W. (2021). Stichwort: 'emotionale Kompetenz – Online Lexikon für Psychologie und Pädagogik'. Online Lexikon für Psychologie und Pädagogik. https://lexikon.stangl.eu/17243/emotionale-kompetenz (leitze Einsichtnahme 27.08.2025)

Stifterverband/McKinsey (2021). Future Skills 2021. 21 Kompetenzen für eine Welt im Wandel. Stifterverband für die Deutsche Wissenschaft e. V.

Thomson, B.; Steidelmüller, C.; Schröder, T.; Wittmers, A.; Pundt, F.; Weber, C. (2020). Der Zusammenhang organisationaler Rahmenbedingungen und Gesundheit bei Führungskräften und Beschäftigten. BAuA-Projekt F2436: „Führung und Organisation im Wandel". ASU – Zeitschrift für medizinische Prävention. Sonderheft Mai 2020.

Thoroughgood, C. (2021). Destructive Leadership: Explaining, Critiquing, and Moving Beyond Leader-Centric Perspectives. https://doi.org/10.1108/978-1-80043-180-520211001.

Unkrig, E. R. (2021). Resilienz – ein kurzer Einblick in Theorie und Praxis. In: Resilienz im Unternehmen – den Faktor Mensch fördern (S. 9–26). Wiesbaden: Springer Gabler. https://doi.org/10.1007/978-3-658-34591-4_2

Vergunst, F. & Berry, H. & Rugkåsa, J. & Burns, T. & Molodynski, A. & Maughan, D. (2019). Applying the triple bottom line of sustainability to healthcare research – A feasibility study. International journal for quality in health care : journal of the International Society for Quality in Health Care. 32. https://doi.org/10.1093/intqhc/mzz049.

von Reibnitz, C., & Sonntag, K. (2019). Best Practice: Betriebliches Gesundheitsmanagement. Pflegezeitschrift, *72*(10), 32–35. https://doi.org/10.1007/s41906-019-0160-x

von Reibnitz, C. (2022). Ressourcen verantwortungsbewusst einsetzen. Pflegezeitschrift, 75 (11), 18–21

von Reibnitz, C. (2023). Nachhaltigkeit in der Pflege. Ressourcen verantwortungsvoll einsetzen. ProCare, 28, 46–49

Wache, T. (2022). Einleitung. In: Betriebsklima und Unternehmenskultur. Entscheidungs- und Organisationstheorie. Springer Gabler, Wiesbaden.

Walter, U., & Badura, B. (2018). Betriebliches Gesundheitsmanagement mit Kennzahlen. Public Health Forum, *26*(2), 141–143. https://doi.org/10.1515/pubhef-2018-0017

Welter-Enderlin, R., Hildenbrand, B. (Hrsg.) (2010). Resilienz. Gedeihen trotz widriger Umstände. Heidelberg: Carl Auer Verlag.

Zeike, S., Pfaff, H., Pförtner, TK. (2022). Förderung der Gesundheitskompetenz von Führungskräften. In: Rathmann, K., Dadaczynski, K., Okan, O., Messer, M. (eds) Gesundheitskompetenz. Springer Reference Pflege – Therapie – Gesundheit. Springer, Berlin, Heidelberg. https://doi.org/10.1007/978-3-662-62800-3_93-1

FSC
www.fsc.org
MIX
Papier | Fördert gute Waldnutzung
FSC® C083411

Kolibri 360 GmbH
Ferdinand-Jühlke-Straße 7
99095 Erfurt, Deutschland
produktsicherheit@kolibri360.de